Comment organiser une séquence pédagogique

W. J. Popham E. L. Baker

Comment organiser une séquence pédagogique

Traduit et présenté par
Marcel Delory
Préface de Louis Porcher

Bordas

En couverture :
Henri GEOFFROY. *La classe enfantine* (1889)
Ministère de l'Éducation Nationale, Paris.
Ph. © Jean-Loup Charmet

ISBN 2-04-019617-X

PREFACE

Remarquer combien les systèmes scolaires sont différents les uns des autres est devenu une banalité, mais ne cesse pas pour autant d'être une vérité. Chaque pays, en fonction de son histoire, de ses caractéristiques physiques et sociales, de ses objectifs, a construit un enseignement spécifique, qui correspond à ce que la société globale attend de l'école. L'éducation comparée, dont on connaît le développement récent, s'efforce d'étudier scientifiquement les différences et les similitudes qui peuvent être repérées entre deux institutions scolaires (ou plus de deux).

C'est qu'en effet nous vivons en une époque historique où il n'est plus possible, qu'on le veuille ou non, d'enfermer un pays dans sa singularité en le coupant du reste du monde. Chacun peut apprendre du voisin. Tout ne change évidemment pas de fond en comble dès que l'on franchit une frontière. Dans une société donnée, l'école doit remplir une fonction déterminée (ou plusieurs) selon des modalités déterminées, certes, mais, par ailleurs, un certain nombre de questions se posent toujours à l'institution scolaire, où que l'on soit.

Les méthodes pédagogiques constituent l'un de ces "lieux communs": partout les enseignants s'interrogent pour savoir comment mieux "faire passer" leur message éducatif, comment contrôler plus rationnellement l'efficacité de leur pratique, comment définir plus clairement les objectifs poursuivis. A cet égard au moins, ils ont beaucoup à apprendre les uns des autres, y compris "au-delà des monts qui bornent cet état". Il est permis de déplorer que les échanges ne soient pas plus richement organisés entre les divers pays, malgré d'incontestables efforts récents.

Les traductions fournissent à coup sûr l'un de ces moyens de "mise en commun". On sait qu'elles sont fort peu développées en France, notamment dans le domaine éducatif. C'est pourquoi il est toujours agréable de constater une exception à cette tendance: la publication en français du présent texte sera d'une grande utilité pour l'ensemble des pédagogues qui, dans la francophonie, s'intéressent aux travaux anglo-saxons.

Il ne s'agit évidemment pas de croire que la vérité éducative vient toujours de Grande-Bretagne ou d'Amérique du Nord. Simplement, il importe d'affirmer qu'on ne saurait, sans irresponsabilité, rejeter cette source d'informations au magasin des accessoires. Il est hors de doute, en effet, que la pédagogie anglo-saxonne a beaucoup de choses à nous dire. Il nous appartient d'en prendre connaissance, de l'adapter, de choisir ce qui, en elle, nous convient, et de repousser ce qui ne correspond pas à nos besoins.

Même si parfois on l'ignore, un certain nombre de nos préoccupations actuelles, en pédagogie, viennent du continent nord-américain ou du Royaume-Uni. L'analyse systémique *(system's approach)* fait partie de celles-ci. Dans la mesure où une telle méthodologie rencontrait des interrogations que beaucoup d'enseignants français vivaient dans leur propre métier, on comprend qu'elle ait eu ici un très large succès.

Force est cependant de noter que cet intérêt est resté sur le plan théorique plutôt que de s'incarner sur le terrain de la pratique quotidienne de la classe. Les outils pédagogiques qui sont indispensables à une utilisation concrète de l'analyse systémique n'ont été que très rarement élaborés. Instituteurs et professeurs ont donc été très démunis lorsqu'il s'est agi d'appliquer des principes qui, en eux-mêmes, leur paraissaient pourtant convaincants.

On aurait pu penser à un changement de cette situation en ce qui concerne la formation des enseignants. En effet, si ceux-ci reçoivent, au cours de leur formation initiale ou continue, une initiation rigoureuse à l'analyse systémique, il est vraisemblable que, par la suite, ils essaieront de traduire concrètement, dans leur travail journalier, les idées ainsi acquises. L'histoire de l'enseignement, en France, montre que cette voie est en général la plus efficace pour modifier les pratiques pédagogiques.

Or, même dans la formation des maîtres, pourtant réformée plusieurs fois depuis quinze ans, l'analyse systémique a très peu pénétré, sinon sous la forme de principes méthodologiques généraux dont on se réclame pour transformer les pratiques d'enseignement. Tout se passe comme si notre institution éducative avait reculé, sans le dire, devant cette nouveauté-là. Il n'y a rien de véritablement surprenant dans une telle attitude car l'école se caractérise toujours par la lenteur de ses évolutions.

Celles-ci existent cependant, et leur origine est à chercher aussi bien du côté de certains pédagogues dynamiques et novateurs (chercheurs, praticiens, ou les deux à la fois) que dans les pressions multiples du monde extérieur au système scolaire. La force des choses et la volonté des hommes constituent toujours les instruments privilégiés du changement, dans n'importe quel domaine social.

Pour soutenir ces efforts et leur fournir quelques moyens d'aboutir, un livre tel que celui de Popham et Baker est particulièrement précieux. Il possède en effet des traits que l'on rencontre rarement dans les instruments pédagogiques français, et qu'on ne trouve presque jamais parmi les outils de formation habituellement utilisés. Sans chercher à être exhaustif, on peut citer, au nombre de ces éléments:

1) Le fait qu'il s'agit d'un ouvrage à la fois théorique et pratique, comprenant de multiples exercices concrets et, à chaque fois, les justifications méthodologiques de ceux-ci. Ce n'est ni un recueil de pures recettes pédagogiques ni un ensemble de considérations réflexives, mais à la fois l'un et l'autre.

2) Le fait de s'adresser à un lecteur-utilisateur, et non pas à un lecteur seulement. Les exercices proposés visent en effet le lecteur lui-même et non pas, comme d'habitude, les élèves de celui-ci. C'est à lui de faire les exercices, et, à cet égard, le livre est bien un "livre de formation" au sens rigoureux de l'expression.

3) Le fait d'autonomiser clairement les différents chapitres, bien qu'ils entretiennent évidemment d'étroites relations. On nous présente *une* séquence de formation à la fois et, en ce sens, l'ouvrage constitue en lui-même une illustration de son propre contenu, puisqu'il cherche à élucider la notion de séquence de formation.

4) Le fait de considérer l'enseignement comme une activité rationnelle, susceptible d'être organisée logiquement et découpable en éléments totalement maîtrisables (comme dans toute technologie).

5) Le fait de se donner *à chaque moment* les moyens de savoir ce qu'on est en train de faire, c'est-à-dire la possibilité de régler l'acte pédagogique. Cette régulation caractérise toute production rationnelle, et l'enseignement, comme dit à l'alinéa précédent, appartient à ce domaine.

Je ne cherche pas à dire ici que tout, dans cet ouvrage, doit être cru sur parole, et qu'après l'avoir lu, chaque enseignant aura découvert la solution de tous ses problèmes. Mais je veux insister sur l'apport essentiel de ce travail: le refus de l'à peu près et la volonté d'être à la fois pragmatique et rigoureux. C'est de cela que les enseignants ont besoin: des outils simples et non simplistes leur permettant d'analyser leur activité quotidienne, de la prévoir et de l'organiser efficacement.

Apprendre à définir des objectifs, à évaluer l'effet d'une séquence pédagogique, à contrôler ce que l'on accomplit, et l'apprendre concrètement, c'est-à-dire de manière accessible à chacun d'entre nous, tel est le propos majeur de ce livre. Reste au lecteur la tâche véritablement importante sur le plan éducatif, celle de transférer ce savoir dans la pratique de sa classe: sur ce seuil, tout le monde s'arrête car c'est l'enseignant lui-même, seul avec ses élèves, qui tient la clef de la porte. Il n'y a pas de passe-partout, mais, par ailleurs, nous pouvons tous apprendre à faire fonctionner une serrure.

Louis PORCHER

AVANT-PROPOS A L'EDITION FRANÇAISE

La publication en français, aux éditions Bordas, de l'ouvrage fondamental de Mager *Comment définir des objectifs pédagogiques* a connu un tel succès auprès de tous les éducateurs francophones, que cela a engendré une série de recherches dans le domaine de la pédagogie par objectifs (De Landsheere, D'Hainaut, Lavallée, Cardinet, Bonora, Campos, Tourneur, Birzéa, etc...). Cependant, une fois les objectifs pédagogiques dérivés des finalités, classifiés en taxonomies et spécifiés en termes de comportements ("mesurables et observables"), les éducateurs, malgré ce grand pas accompli, se trouvent devant une situation telle qu'ils peuvent se poser la question: "Que faut-il faire après avoir défini les objectifs?". En effet, entre le comportement initial d'un élève que le travail de l'enseignant va essayer de transformer, et le comportement final du même élève, tel que défini par Mager, toute une didactique doit être mise au point.

Sur ce sujet, il serait fastidieux de dénombrer les volumes et articles spécialisés qui ont pu être publiés ces dernières années. Du peu de choses dont disposait auparavant le praticien, on est passé à une véritable surabondance de titres, de modèles, d'organigrammes, de schémas, telle qu'il est difficile pour lui d'en assimiler ne serait-ce que l'essentiel pour faciliter ses tâches quotidiennes. Toute cette littérature reflète presque exclusivement le point de vue des chercheurs qui se mettent rarement dans la situation du maître. Après Mager, dont l'ouvrage a su, au contraire, se rendre directement utilisable par les praticiens, de pareilles démarches sont quasi exceptionnelles. Parmi ces exceptions, se situe le livre de Popham et Baker *Comment organiser une séquence pédagogique*.

En quoi cet ouvrage est-il une exception par rapport à toute la littérature plus ou moins redondante consacrée à ce problème? D'abord, il est écrit dans un langage simple, directement accessible aux enseignants de tous niveaux et spécialités, évitant toute ambiguïté terminologique ou référence polémique. Tout en condensant de façon remarquable l'ensemble des problèmes de la pédagogie par objectifs, les auteurs ne mentionnent dans tout l'ouvrage que deux noms qui font vraiment référence dans ce domaine: Bloom et Gagné. Ensuite, cet ouvrage est particulièrement intéressant par la technique même utilisée. En effet, au lieu de se lancer dans des descriptions plus ou moins académiques et abstraites des situations possibles, le livre est conçu comme un ensemble d'apprentissage en situation réelle. Les auteurs le qualifient même de "manuel d'autoinstruction": chaque programme comporte un énoncé, un contrôle et un renforcement. Enfin, en se plaçant dans des situations directes d'enseignement/apprentissage, l'ouvrage adopte un ton tellement persuasif que le lecteur est entraîné à maîtriser les techniques de micro-programmation qui y sont décrites et appliquées.

Les auteurs, Popham et Baker, n'en sont pas à leur premier livre sur le sujet. En dépit du fait qu'ils sont encore peu connus par les pédagogues francophones, leur contribution à l'approche systémique de l'instruction peut être qualifiée de majeure. Ainsi, le présent ouvrage fait partie d'une série de trois études structurée de la façon suivante: la première présente l'approche systémique de l'instruction, sa nature et ses avantages; la seconde s'occupe de la sélection et de la spécification des comportements terminaux; et la troisième, qui fait l'objet de notre traduction, aborde le problème essentiel, celui de la façon d'organiser les séquences d'enseignement/apprentissage une fois les objectifs clairement énoncés, autrement dit: comment combler le vide entre le comportement initial de l'élève et son comportement final. Car l'essentiel de l'activité de l'enseignant consiste moins à définir simplement ces deux limites mais plutôt d'assurer la transformation d'un état en un autre en passant par des situations intermédiaires ou des prérequis. C'est là que réside la clé de voûte de toute programmation didactique, et nous avons opté pour la traduction de ce seul ouvrage à cause de la contribution unique qu'il apporte à cette question.

Il nous paraît nécessaire ici d'ajouter quelques mots sur l'oeuvre pédagogique de Popham. Son grand mérite est d'avoir proposé l'intégration de l'évaluation dans le processus d'enseignement, en ce sens il a introduit le couple évaluation critériée *(criterion-referenced evaluation)* – évaluation normative *(norm-referenced evaluation).* La première est continue et repose sur la maîtrise par chaque élève, des objectifs pré-établis (le "critère"), tandis que la seconde intervient une seule fois, à la fin de la période d'enseignement, et son but est le bilan, la sélection et le classement inter-individuel des élèves. L'avantage de l'évaluation critériée est évident, car elle permet d'identifier et de corriger les erreurs transitoires d'une unité d'instruction plutôt que de les laisser s'accumuler sous forme d'un "insuccès scolaire". On peut dire que cela rend possible l'apparition d'une sorte de "révolution copernicienne" de l'instruction par la subdivision en petites unités ou étapes relativement autonomes, ayant leurs propres objectifs et leur propre évaluation critériée. Cela signifie qu'on peut maintenant aborder le problème des échecs scolaires sous un autre aspect: une plus grande efficacité pédagogique doit permettre de prévenir et de traiter de manière prophylactique les situations d'échec plutôt que de les constater en fin de scolarisation.

Le titre de l'ouvrage ne doit pas donner l'impression qu'il s'agit ici d'une technique particulière d'enseignement programmé. Les auteurs entendent définir le processus complet de planification didactique qui suit l'énoncé des objectifs, à savoir: l'analyse des tâches, l'organisation des enchaînements intermédiaires (prérequis ou comportements intermédiaires), les situations d'apprentissage et d'évaluation appropriées.

Les critiques, parfois virulentes, qui ont suivi la grande vogue de l'item programmé de Skinner, ont provoqué une sorte de mépris envers toute programmation didactique. Pourtant, ce livre nous le prouve, ces techniques peuvent aider considérablement à rendre plus efficace et plus rationnel même l'enseignement dit traditionnel. En effet, sans éliminer la communication permanente entre maître et élève, ni l'enseignement à des groupes d'élèves, Popham et Baker montrent qu'une nouvelle didactique peut être mise au point à partir de la pédagogie par objectifs.

Quels sont les avantages d'une telle didactique? Elle permet d'abord de rationaliser le choix des moyens en fonction des buts poursuivis. Ensuite, elle considère le processus d'instruction comme une succession de petites séquences à définir avec précision. Enfin, elle permet, par l'intermédiaire de l'évaluation critériée, un ajustage permanent de l'enseignement/apprentissage aux objectifs terminaux. Si ces avantages s'ajoutent aux qualités de l'ouvrage telles que nous les avons définies plus haut, il ne fait aucun doute que tout enseignant en tirera le plus grand profit.

La structure même de ce livre est une application des principes didactiques proposés par les auteurs: au lieu d'être divisé en chapitres, il est composé de cinq programmes d'autoformation se rapportant à chacun de ces principes. Il s'agit de: 1) dispenser des exercices appropriés; 2) communiquer les résultats de l'apprentissage; 3) analyser et ordonner les comportements d'apprentissage; 4) faire prendre conscience du but; 5) évaluer les résultats. Chaque programme commence par la définition de ses objectifs, et son contenu donne davantage d'importance aux applications directes et aux auto-évaluations qu'aux affirmations et démonstrations magistrales et abstraites. Les auteurs précisent d'ailleurs dans leur introduction l'opportunité de chaque programme et son utilisation propre.

S'agissant d'une nouvelle didactique, certains termes anglais posent des problèmes d'équivalence en français. Comme la littérature pédagogique francophone est en train de forger son propre vocabulaire concernant l'enseignement par objectifs, nous essayons aussi, par cette traduction, de contribuer à son enrichissement. Nous donnons ici, à titre d'exemples, les termes originaux qui reviennent le plus souvent sous la plume de Popham et Baker, avec les termes que nous avons utilisés en français:

- *instructional objective:* objectif pédagogique;
- *terminal behavior:* comportement final (ou terminal);
- *initial behavior:* comportement initial;
- *en route behavior:* comportement intermédiaire;
- *prerequisite behavior:* comportement prérequis;
- *analogous practice:* exercice d'analogie;
- *equivalent practice:* exercice d'équivalence;
- *criterion examination:* évaluation critériée;
- *pre-assessment:* évaluation initiale;
- *pre-test* et *pre-control:* contrôle initial.

A ces quelques termes, nous pouvons ajouter les titres originaux des cinq programmes avec la traduction que nous avons adoptée:

1. Appropriate Practice: dispenser des exercices appropriés.

2. Knowledge of Results: communiquer les résultats de l'apprentissage.

3. Analyzing and sequencing Learner Behavior: analyser et ordonner les comportements d'apprentissage.

4. Perceived Purpose: faire prendre conscience du but.

5. Evaluation: évaluer les résultats.

Pour conclure cet avant-propos, nous voudrions ajouter un dernier mot à l'attention des lecteurs. Les enseignants peuvent être rebutés par la tendance actuelle qui vise à transformer l'ancien "art d'instruire" en une "science comportementale". Le choc provoqué par ces nouvelles recherches ne devrait cependant pas leur faire perdre confiance dans le métier d'éducateur, l'un des plus anciens et des plus difficiles de tous les temps. Un livre tel que celui-ci permet justement d'éviter ce choc tout en insérant en douceur la "science comportementale" dans la pratique scolaire traditionnelle.

Marcel DELORY

SOMMAIRE

*

* *

INTRODUCTION

Cet ouvrage est un recueil de cinq programmes d'auto-formation destinés à être complétés individuellement par le lecteur. Ces programmes traitent différents aspects de l'enseignement et visent à fournir un ensemble de compétences réelles pouvant être utilisées par un enseignant dans la prise de décisions pédagogiques. Dans ce volume, l'accent est mis sur l'élaboration d'une séquence d'enseignement. Vous apprendrez comment organiser une série d'activités éducatives afin de réaliser les attentes de l'étudiant en termes d'objectifs pédagogiques explicites. Les programmes sont destinés à aider l'enseignant qui sait ce qu'il souhaite accomplir, dans la mesure où il cherche les procédés permettant d'obtenir un bon rendement en classe. Les compétences fournies par ces programmes devraient présenter un intérêt considérable pour ceux qui se destinent à la carrière enseignante, à quelque niveau que ce soit, du jardin d'enfants au lycée. Les maîtres expérimentés trouveront aussi que les sujets qui y sont traités soutiennent nombre de décisions pratiques qu'ils doivent prendre au cours de leur enseignement. Bref, aussi bien les futurs enseignants que ceux déjà en exercice devraient pouvoir tirer profit des programmes à compléter contenus dans cet ouvrage.

ORGANISATION DE L'OUVRAGE

Ce livre s'articule autour de cinq programmes d'auto-formation. Voici, brièvement présentée, la substance de ces programmes :

DISPENSER DES EXERCICES APPROPRIES. Un des principes les plus importants qui peut être pris en considération pour une sélection efficace des séquences d'enseignement est de "donner à l'élève les occasions d'exercer le comportement impliqué par l'objectif pédagogique". Ce programme examine deux types d'exercices appropriés, à savoir les exercices d'équivalence et les exercices d'analogie, et il les confronte aux tâches intermédiaires et au comportement non pertinent. Vous apprendrez ainsi à identifier chacun d'eux et à réaliser vos propres exercices.

COMMUNIQUER LES RESULTATS DE L'APPRENTISSAGE. Le principe selon lequel l'enseignant permet à l'étudiant de découvrir si ses réponses sont correctes est étroitement lié au principe développé lors de la séquence précédente, "dispenser des exercices appropriés". Le présent programme décrit le principe selon lequel il faut assurer à l'élève la communication immédiate des résultats par rapport à ses réponses. Vous apprendrez à identifier des situations scolaires dans lesquelles cette communication des résultats est utilisée.

ANALYSER ET ORDONNER LES COMPORTEMENTS D'APPRENTISSAGE. Ce programme traite des très difficiles problèmes de l'identification et de l'enchaînement des comportements d'apprentissage qui doivent être maîtrisés avant l'objectif final. On y décrit une stratégie de base pour traiter de tels problèmes.

FAIRE PRENDRE CONSCIENCE DU BUT. Dans ce programme on s'occupe de la motivation ou, plus précisément, de la nécessité qu'ont les élèves de percevoir la valeur de ce qu'ils apprennent. On y examine quatre méthodes différentes capables de faciliter des activités d'apprentissage convenables; il s'agit des méthodes par déduction, par induction, par exhortation et par récompenses extrinsèques. Vous apprendrez à identifier ces quatre procédures et à développer les activités d'enseignement liées à chacune d'elles.

EVALUER LES RESULTATS. Le présent programme s'occupe d'un sujet d'un grand intérêt pour tous ceux qui sont engagés dans l'enseignement, en présentant un système rigoureux d'évaluation d'une séquence d'enseignement. Notre attention portera sur la construction des tests, l'échantillonnage d'items et l'interprétation des performances de l'étudiant. L'accent est mis sur le rôle critique de l'évaluation initiale des compétences de l'étudiant. Vous apprendrez à sélectionner et construire des items de test appropriés aux objectifs donnés, à préparer des procédures informelles d'évaluation initiale, aussi bien qu'à en tirer les conclusions correspondantes concernant les résultats de l'enseignement de vos étudiants.

Chaque programme est précédé d'une introduction qui vous explicitera les objectifs d'apprentissage. Ensuite, vous trouverez le programme lui-même. Vers la fin du livre (pages 97-105) il est prévu une feuille-réponse pour chaque programme. Ces feuilles sont détachables et leur utilisation n'en sera que plus commode si vous les détachez effectivement. Pour chaque programme, il est aussi prévu à la fin de l'ouvrage (pages 109-119) un test de maîtrise approfondie. Il vous est aussi possible de détacher ces feuilles. Enfin, dans les toutes dernières pages (123-124) vous trouverez les réponses à tous les tests de maîtrise.

UTILISATION DU MANUEL

Puisqu'il s'agit de programmes d'auto-formation, vous irez certainement pour chacun d'eux, à votre propre rythme. Soit dit en passant, il est préférable de terminer entièrement un programme d'un seul jet plutôt que d'interrompre votre travail. Avant de commencer un programme, repérez d'abord la feuille-réponse correspondante (et détachez-la si vous voulez). Puis vous prenez note des objectifs du programme et vous commencez à lire le texte de référence. Sur la feuille-réponse, inscrivez vos solutions aux questions posées à chaque item. Après avoir noté votre réponse, vérifiez-en l'exactitude en lisant la suite du programme. Il est préférable que vous répondiez en écrivant, encore que, si vous le désirez, vous puissiez le faire mentalement. Si, par inadvertance, vous avez lu trop rapidement et découvert la bonne réponse avant de faire la vôtre, allez au-delà de la grosse barre noire (telle que ci-dessous) qui sépare chaque item. Les réponses correctes sont immédiatement sous cette barre de séparation.

Lorsque vous voyez une telle barre, cachez le texte qui suit jusqu'à ce que vous ayez répondu, *puis* lisez la suite pour découvrir la réponse exacte. (Il existe une feuille "cache-réponse" insérée dans ce livre). Lorsque vous avez terminé le programme, passez au test de maîtrise correspondant et, ensuite, vérifiez vos réponses.

Chacun des sujets traités dans ces cinq programmes est développé d'une façon plus détaillée dans un texte conventionnel (c'est-à-dire non programmé), intitulé *Systematic Instruction,* signé des mêmes auteurs. Des recueils analogues de programmes d'auto-instruction, tels que *Establishing Instructional Goals,* toujours par les mêmes auteurs, existent aussi. (Ces deux volumes sont publiés par Prentice-Hall, Inc.)

Si vous êtes prêt, commencez par le premier programme.

DISPENSER DES EXERCICES APPROPRIES

Ce programme est destiné à assister les enseignants dans la sélection des activités d'apprentissage qui doivent conduire à la réalisation complète des buts de l'instruction. D'une manière générale, le lecteur sera informé sur deux aspects du comportement de l'élève (exercices d'équivalence et d'analogie) qui lui permettent d'exercer le comportement exigé par l'objectif pédagogique. En plus, un bref examen des tâches préliminaires, ainsi que du comportement inapproprié aux objectifs est prévu. D'une manière générale, le programme encourage l'enseignant à se concentrer sur la *pertinence finale* de ses *moyens d'instruction.*

D'une façon plus précise, voici les objectifs du présent programme :

1. A la fin du programme, le lecteur devra être capable de distinguer entre eux des exemples écrits d'activités d'élèves et de les identifier en tant qu'exercice d'équivalence, exercice d'analogie, comportement intermédiaire, ou de les considérer comme non conformes aux objectifs donnés.

2. A la fin du programme, le lecteur, étant donné des objectifs pédagogiques, sera capable de prescrire des activités d'apprentissage sous forme d'exercices d'équivalence, d'exercices d'analogie et de comportements intermédiaires correspondant aux objectifs.

Dès qu'un enseignant a défini ses objectifs pédagogiques pour sa classe, il est placé devant le problème qui consiste à décider ce qu'il devra faire, ainsi que ses étudiants, pour réaliser ces objectifs. En d'autres termes, quels types d'activités scolaires devrait-il programmer pour parvenir à atteindre ses buts?

Ce programme décrira un principe qui n'est pas évaluable dans la conduite de sélection des activités d'apprentissage conformes; il s'agit de l'*exercice approprié*. Selon ce principe, un étudiant devrait avoir l'occasion de pratiquer le comportement impliqué par les objectifs pédagogiques de l'enseignant.

Au cours de ce programme, vous apprendrez à sélectionner des activités d'apprentissage en rapport avec des objectifs donnés. Vous serez aussi capable de faire la distinction entre différents types d'exercices appropriés, aussi bien qu'entre d'autres exercices semblables. Enfin, une fois vos objectifs comportementaux définis, vous serez capable de rédiger des exemples d'activités d'apprentissage appropriés à ces objectifs.

Revenant à l'idée du principe de l'exercice approprié, considérez l'item ci-dessous qui donne un objectif pédagogique et deux activités possibles des élèves.

---

1 **Objectif.** *Les étudiants devront être capables de résoudre des problèmes d'équations.*

A. Les étudiants travaillent sur des problèmes d'équations.
B. Les étudiants récitent les tables de multiplication.

De l'activité A ou B, quelle est celle qui est la plus compatible avec l'objectif désiré? Répondez sur la feuille prévue à cet effet en entourant la lettre correspondant à votre choix.

Bien entendu, c'est l'activité A qui constitue la bonne réponse, car elle est plus compatible avec l'objectif que l'activité B. Il existe actuellement deux types d'exercices appropriés qu'un maître peut utiliser. Le premier type que nous examinerons s'appelle *exercice d'équivalence*. Bon nombre de recherches ont montré que les étudiants acquièrent d'autant mieux le comportement final désiré qu'ils ont été réellement entraînés à l'exercer, c'est-à-dire qu'ils ont pratiqué un exercice équivalent à celui impliqué par l'objectif. Dans l'exemple précédent, apprendre les tables de multiplication *ne* fournissait *pas* à l'étudiant l'activité en rapport direct avec l'objectif final qui est de résoudre les équations.

Ce principe peut sembler évident en soi mais, malheureusement, de nombreux enseignants n'arrivent pas à en saisir la signification et, par conséquent, ne réussissent pas à l'employer. Voici par exemple un énoncé d'objectif rédigé par un professeur de mathématiques dans un lycée:

> "Je dois fournir à mes élèves quantité de possibilités pour travailler sur des équations, mais je veux d'abord vérifier qu'ils comprennent bien des problèmes posés oralement".

Ce professeur croit bien faire en donnant à ses élèves l'occasion de travailler sur des problèmes oraux avant l'examen, mais en réalité il diminuera leurs chances de réaliser une bonne performance et il embrouillera leur compréhension. Cependant, le professeur n'est pas obligé de présenter à l'élève des problèmes *identiques* à ceux-là mêmes sur lesquels portera son contrôle. A la place, il pourrait se préoccuper davantage de la capacité de l'élève à transposer une habileté acquise à des situations semblables, ce qui lui permettrait de travailler sur des items dérivés de la même *catégorie* que ceux définis par l'objectif pédagogique. Comme il l'a été signalé plus haut, de nombreuses études montrent clairement qu'un individu ne peut inclure dans sa réponse que des éléments qu'il a pu effectivement étudier. Ainsi, si un enseignant souhaite que l'étudiant acquiert le comportement X, cet étudiant devra avoir eu l'occasion de pratiquer ce même comportement avant tout examen. Il ne peut espérer acquérir le comportement X en pratiquant un comportement Y.

Voici un autre exemple d'objectif et d'activités d'apprentissage y correspondant.

2 **Objectif.** *L'étudiant sera capable de rédiger une dissertation en style descriptif.*

A. Le professeur explique ce qu'est un bon devoir écrit dans ce style.
B. Les étudiants rédigent de telles dissertations.
C. Les étudiants lisent des exemples de bonnes dissertations écrites dans ce style.

Sélectionnez l'activité appropriée à l'objectif en entourant la lettre correspondante.

L'activité B est la bonne réponse; bien qu'il puisse être avantageux que le professeur explique ce qu'est une bonne dissertation en style descriptif et que l'étudiant lise de tels devoirs à un certain moment de la période d'instruction, l'objectif final demeure quand même qu'il *sache rédiger* de telles dissertations. Ainsi, à un certain moment de la séquence pédagogique, l'étudiant devrait avoir l'occasion de ne faire que cela – rédiger en style descriptif.

3 *Sélectionnez, en entourant la lettre correspondante, l'activité d'apprentissage qui peut être considérée comme étant un exercice d'équivalence.*

Objectif. *L'étudiant sera capable de construire un syllogisme logique.*

A. Le professeur donne la définition du syllogisme.
B. L'étudiant rédige des devoirs expliquant les utilisations du syllogisme.
C. L'étudiant rédige un syllogisme logique.

Si vous avez entouré la lettre C, votre réponse est correcte. Il est possible que les activités A et B soient profitables à un certain moment du processus d'instruction, mais seule l'activité C correspond à l'objectif final préalablement fixé.

---

4 *Entourez la lettre qui ne correspond* pas *à un exercice d'équivalence.*

Objectif. *L'étudiant sera capable de réparer un magnétophone.*
A. L'étudiant dresse la liste de toutes les pièces d'un magnétophone.
B. L'étudiant répare un magnétophone cassé.

Le choix de A est correct car, bien qu'il soit nécessaire de connaître les noms de toutes les pièces pour acquérir l'habileté à réparer un magnétophone, cela ne constitue pas en soi-même un exercice d'équivalence. L'étudiant doit effectivement avoir la possibilité de réparer un magnétophone avant le contrôle final de cette technique.

---

5 *Est-il possible de déterminer si ce professeur utilise un exercice d'équivalence?*

Monsieur Leroy, professeur d'histoire dans un lycée, désire que ses étudiants comprennent l'histoire de la Révolution Française; pour ce faire, il leur demande de mémoriser toutes les dates de cette période qui se trouvent dans leurs manuels.

Entourez OUI ou NON.

C'est NON, évidemment. L'objectif de M. Leroy est trop vague pour permettre d'en déduire des activités d'apprentissage d'équivalence. Bien que le fait de mémoriser les dates puisse être en rapport avec le contrôle final portant sur la compréhension de la Révolution Française, ce seul exercice ne peut pas être qualifié d'approprié ou non à un objectif aussi vague. Les objectifs qui n'ont pas été énoncés en termes de comportement de l'étudiant sont difficilement réalisables pour l'enseignant, et il est alors impossible à toute personne de juger du bien-fondé d'une activité d'apprentissage.

---

6 *Si M. Leroy changeait son objectif et le définissait comme ci-dessous, pourrait-on alors déterminer s'il a utilisé un exercice d'équivalence?*

Objectif. *Les étudiants devront prouver leur compréhension de l'histoire de la Révolution Française en donnant, au cours d'un contrôle final, six causes possibles.*

M. Leroy leur demande, comme travail personnel, d'étudier leur texte en s'attachant à trouver et à établir la liste de toutes les causes possibles de la Révolution.

Entourez OUI ou NON.

Il fallait répondre OUI. Maintenant que M. Leroy a spécifié le comportement qui prouve la compréhension, il lui est possible de donner à ses étudiants, de façon plus efficace, les occasions de pratiquer le comportement final avant l'examen.

A partir de l'exemple précédent, nous pouvons tirer la conclusion suivante. *Pour aboutir à un exercice d'équivalence, on doit avant tout énoncer clairement l'objectif comportemental.*

---

7 *Un professeur de français désire que ses élèves soient capables de déceler des erreurs de ponctuation dans un texte. Pour passer à l'exercice pratique, il distribue un texte*

comportant de telles erreurs et leur demande d'entourer celles-ci. Est-ce que dans cet exemple, le professeur a utilisé un exercice d'équivalence?

Entourez OUI ou NON.

Il fallait répondre OUI, car le professeur a défini un objectif comportemental spécifique et a donné à ses élèves l'occasion de pratiquer effectivement ledit comportement.

---

8 *Est-ce que, dans l'exemple suivant, le professeur utilise un exercice d'équivalence?*

M. Auer, professeur de chimie, énonce comme objectif que ses élèves sont capables de se servir d'un bec Bunsen. Il leur lit les instructions relatives à cette opération, leur dessine un schéma au tableau, et leur demande de mémoriser la marche à suivre. Puis, comme test final, il leur demande de se servir d'un bec Bunsen.

Entourez OUI ou NON.

La bonne réponse est NON. M. Auer *ne donne pas* un exercice d'équivalence. Alors qu'il avait défini un objectif comportemental spécifique, et que les activités d'apprentissage pouvaient être en rapport avec celui-ci, il n'a pas donné l'occasion à ses étudiants de se servir effectivement d'un bec Bunsen avant de juger leur capacité à le faire.

---

9 *Essayez maintenant avec ce nouvel exemple. S'agit-il d'un exercice d'équivalence?*

Mlle Sido, professeur de musique, désire que ses étudiants soient capables de reconnaître ce qu'est un bon opéra. Pendant son cours, elle leur passe des disques de ce qu'elle pense être les meilleurs opéras du monde.

Entourez OUI ou NON.

La réponse est NON. Alors que Mlle Sido a énoncé son objectif en termes de comportement, elle n'utilise pas un exercice d'équivalence, car, à aucun moment, ses étudiants n'ont été placés dans la situation de reconnaître ce qu'est un bon opéra.

Revoyons un peu les deux caractéristiques essentielles de l'exercice d'équivalence tel que nous l'avons vu jusqu'ici. En premier lieu, pour faire un exercice d'équivalence, on doit avoir préalablement énoncé clairement l'objectif comportemental. En second lieu, l'occasion doit être donnée à l'étudiant de pratiquer ce comportement *avant* le contrôle final.

Jusqu'ici nous n'avons examiné qu'un type d'exercice approprié, à savoir, l'exercice *d'équivalence* par rapport au comportement impliqué par l'objectif. Il existe cependant deux types d'exercices appropriés à la disposition des enseignants. L'autre, c'est celui qui permet à l'étudiant de se comporter de façon similaire, mais non identique, vis-à-vis du comportement terminal. Cette façon de faire peut être qualifiée d'*exercice d'analogie*.

Les exercices d'analogie sont ceux dans lesquels la nature essentielle du stimulus d'instruction et les réponses des étudiants sont similaires, mais non identiques, au comportement terminal. L'exemple suivant montre ce qu'est un tel exercice.

Objectif. *Les étudiants rédigeront un devoir expliquant le thème de l'*Ode au vent d'Ouest *de Shelley.*

Exercice d'analogie: *En classe, les étudiants expliquent oralement le thème du poème.*

Il est évident qu'ici, l'essentiel des opérations intellectuelles requises par l'objectif et l'activité d'apprentissage sont les mêmes, mais, dans leurs manifestations extérieurres ou observables, elles sont tout à fait différentes. L'objectif précise *rédiger* et l'activité consiste à *parler.* Comme pour l'exercice d'équivalence, la définition d'un objectif spécifique est nécessaire pour l'exercice d'analogie.

Nous ne voulons pas dire ici que les activités impliquées par l'exercice d'analogie plutôt que par l'exercice d'équivalence ne profitent pas aux activités d'apprentissage. Dans l'intérêt de la variété et du succès de l'apprentissage, l'exercice d'analogie n'est pas seulement utile mais aussi, souvent, souhaitable. En fait, bien qu'il soit fortement conseillé de donner à l'élève l'occasion de pratiquer des exercices d'équivalence à un certain moment de la séquence d'instruction, les recherches expérimentales suggèrent que les exercices d'analogie peuvent, dans certaines circonstances, remplacer les exercices d'équivalence.

L'item suivant donne un exemple d'exercice d'équivalence et d'exercice d'analogie. Notez la différence entre les deux.

> **Objectif.** L'étudiant devra réciter par coeur le troisième monologue d'*Hamlet.*
> **Exercice d'analogie.** L'étudiant rédige, de mémoire, le monologue d'*Hamlet.*
> **Exercice d'équivalence.** L'étudiant déclame le monologue d'*Hamlet.*

Dans cet exemple, la nature de l'opération intellectuelle est la même pour les deux activités – c'est-à-dire la redite ou la récitation du monologue. La seconde activité est un exercice d'équivalence, puisque sa manifestation extérieure – réciter oralement – est exactement la même que celle du comportement terminal.

Les deux items suivants donnent des exemples d'objectifs et d'activités appropriées. Vous devriez être capable de distinguer, entre les deux activités, celle qui est un exercice d'équivalence et celle qui est un exercice d'analogie.

---

10 *Pour l'objectif suivant, désignez A ou B comme exercice d'*équivalence *ou comme exercice d'*analogie.

Objectif. *L'élève devra identifier parmi des devoirs écrits, ceux qui utilisent un raisonnement inductif.*

Activité A. *Les élèves écoutent le maître lire de courtes compositions et essayent d'identifier celles qui utilisent le raisonnement inductif.*
Activité B. *Il est demandé aux élèves, comme travail personnel, d'identifier des textes voisins qui appliquent ce type de raisonnement.*

Ecrivez vos réponses aux endroits prévus.

L'activité A est un exercice d'analogie, la B un exercice d'équivalence. Dans l'activité B, l'élève répond à partir d'un matériel écrit semblable à celui spécifié par l'objectif, alors que dans l'activité A, les identifications sont faites à partir de matériels présentés oralement.

---

11 *Désignez comme étant d'*équivalence *ou d'*analogie les exercices suivants.

Objectif: *Les étudiants devront identifier les techniques de persuasion utilisées par des camarades au cours d'exposés ayant pour thème la préservation de la nature.*

Activité A. *Les étudiants s'entraînent à identifier les techniques de persuasion pendant que des camarades dialoguent librement pendant cinq minutes.*
Activité B. *Les étudiants visionnent des films représentant, en situation, des orateurs célèbres et essayent d'identifier les techniques de persuasion employées.*

Ecrivez vos réponses aux endroits prévus.

Si vous avez désigné l'activité A comme étant un exercice d'équivalence et la B comme exercice d'analogie, vous avez répondu correctement. Evaluer ces techniques à partir d'un film représentant les prouesses d'orateurs est similaire, mais non identique au comportement décrit par l'objectif.

On peut maintenant établir une distinction entre les deux formes d'exercices appropriés, d'un côté comme de l'autre il s'agit d'un type important d'activité d'apprentissage, à savoir, acquérir un comportement intermédiaire. Toute activité que l'étudiant doit maîtriser comme habileté préliminaire fondamentale vers l'objectif final est un comportement intermédiaire.

Les caractéristiques et les compétences particulières d'une classe donnée d'étudiants servent à déterminer les comportements intermédiaires d'un objectif donné. Par exemple, un comportement intermédiaire possible pour l'objectif "mettre en facteur des équations algébriques" pourrait être "mémoriser les tables de multiplication". Si le professeur s'aperçoit que ses élèves savent déjà multiplier, il peut alors supprimer cette tâche et passer à une autre activité. Ainsi, c'est au professeur de décider, parmi les tâches intermédiaires possibles, celles qu'il pourrait exiger de ses élèves.

En outre, les façons par lesquelles différents professeurs analysent la nature du comportement final souhaité de l'élève peuvent donner lieu à de multiples tâches intermédiaires. Mais une tâche isolée peut donner un résultat totalement différent de celui finalement attendu si elle n'est pas intégrée dans un ensemble de comportements intermédiaires.

L'item suivant présente un exemple de comportement intermédiaire.

> **Objectif.** Rédiger une bonne dissertation.
> **Comportement intermédiaire.** Les élèves rédigent des phrases.
> **Exercice d'équivalence.** Les élèves rédigent des dissertations

Il faut noter que si l'habileté à rédiger des phrases est préréquise pour rédiger une dissertation, elle ne constitue pas en elle-même un exercice d'équivalence, ni un exercice d'analogie.

12 *Désignez chacune des activités suivantes comme exercice d'*équivalence *ou comme comportement* intermédiaire.

Objectif. *L'étudiant doit être capable de faire fonctionner un projecteur de cinéma.*

A. Il établit la liste des pièces qui composent un projecteur.
B. Il passe un film dans un projecteur.

Ecrivez vos réponses aux endroits prévus.

L'activité A de cet item est un comportement intermédiaire nécessaire pour que l'étudiant atteigne le comportement terminal. L'activité B constitue un exercice d'équivalence, car elle coïncide avec le comportement final.

13 *Désignez chacune des activités suivantes comme étant soit un exercice d'*équivalence, *soit un comportement* intermédiaire.

Objectif. *Les étudiants devront être capables de nager la longueur d'une piscine olympique.*

A. Ils font des exercices de respiration.
B. Ils nagent la longueur de la piscine.
C. Ils traversent la piscine sur le dos en ne bougeant que les jambes.

Ecrivez vos réponses aux endroits prévus.

L'activité B est un exercice d'*équivalence* pour l'objectif terminal, et les activités A et C sont des comportements intermédiaires.

14 *Maintenant, identifiez les activités de cet item soit comme exercice d'*équivalence, *soit comme exercice d'*analogie *ou comme comportement* intermédiaire.

Objectif. *Les étudiants devront être capables d'écrire la liste d'au moins les deux tiers des instruments entendus dans un enregistrement symphonique.*

A. Les étudiants identifient les sons des instruments joués isolément par le professeur.
B. Les étudiants écrivent la liste des sons des instruments entendus dans un enregistrement.
C. Les étudiants écoutent des entregistrements et discutent d'une façon informelle des instruments qu'ils auraient pu identifier.

Ecrivez vos réponses aux endroits prévus.

Pour l'objectif énoncé, l'activité A est un comportement intermédiaire, la B un exercice d'équivalence, et la C un exercice d'analogie.

Nous avons analysé ces différents types d'activités d'apprentissage – comportement intermédiaire, exercice d'analogie et exercice d'équivalence – pour vous montrer la grande latitude dont dispose l'enseignant dans la sélection des activités d'apprentissage qu'il peut utiliser pour atteindre l'objectif pédagogique. Il faudrait cependant se souvenir qu'alors que les activités intermédiaires choisies par un enseignant peuvent être nombreuses et variées, dépendant à la fois de son analyse des tâches et de son jugement sur les besoins de la classe, l'exercice approprié est toujours nécessaire. Certains enseignants, malheureusement, engagent leurs élèves dans de nombreuses activités qui ne sont ni des tâches intermédiaires, ni des exercices d'analogie, ni des exercices d'équivalence. Fréquemment, de telles activités n'ont *absolument rien à voir* avec les buts éducatifs de la classe.

15 *Identifiez si chacune des activités suivantes est un comportement* intermédiaire, *un exercice* d'analogie *ou un comportement* non conforme.

Objectif. *Les élèves doivent être capables de réciter par coeur les cinq premiers articles de la Déclaration de Droits de l'Homme et du Citoyen de 1789.*

Activité A. *L'élève écrit les cinq premiers articles de la Déclaration sans être aidé.*
Activité B. *L'élève apprend à prononcer les mots difficiles de la Déclaration.*
Activité C. *L'élève décrit oralement les événements qui ont conduit les Constituants à rédiger cette Déclaration.*
Activité D. *L'élève récite par coeur les cinq premiers articles sans être aidé.*

Ecrivez vos réponses aux endroits prévus.

Pour cet item, l'activité A est un exercice d'analogie, la B un comportement intermédiaire, la C un comportement non conforme et la D un exercice d'équivalence.

Vous devriez maintenant être capable de suggérer vous-même quelques-unes de ces activités d'apprentissage. L'item suivant énonce un objectif de comportement relatif à un exposé à faire en classe.

16 *Etudiez l'objectif de cet item et rédigez, dans l'espace prévu à cet effet, un exercice d'équivalence.*

L'objectif *de cet exposé est d'écrire, sous forme de réquisitoire, un cas d'argumentation de peine capitale. Les étudiants de cette classe sont très brillants et possèdent une grande aptitude à la résolution des problèmes, à la discussion et au débat.*

Votre activité devrait inclure l'occasion, pour les étudiants, de *pratiquer,* sous forme de réquisitoire, *la rédaction de cas d'argumentation.* Il est insuffisant, pour eux, de discuter du problème oralement puisque l'objectif demande à ce que ce soit écrit. Si votre activité inclut ce comportement même, vous avez correctement utilisé l'exercice d'équivalence. Soit dit en passant, le langage pour décrire un exercice d'équivalence peut être quelque peu différent de celui de l'objectif, mais il doit décrire un comportement tout à fait identique à celui qui figure dans l'objectif.

---

17 *Dans l'espace prévu à cet effet, rédigez un exercice d'équivalence pour l'objectif suivant.*

L'objectif *d'un cours de géographie est de faire écrire, par les étudiants, la liste des productions agricoles de chacun des pays étudiés. Les étudiants de cette classe ont des aptitudes artistiques et sont tout à fait capables de réaliser des cartes en couleur.*

Vous n'appliquerez correctement le principe de l'exercice d'équivalence que si votre activité donne l'occasion aux étudiants d'*écrire la liste* des productions agricoles des pays étudiés *avant* l'examen. L'information concernant la capacité des étudiants à réaliser des cartes est intéressante mais n'est pas en rapport avec l'exercice approprié aux activités d'apprentissage.

---

18 *Pour le même objectif (décrit à l'item 17), vous allez maintenant décrire une activité qui devrait être un exercice d'analogie. Ecrivez votre réponse à l'endroit prévu.*

Il semble évident qu'un exercice d'analogie pour cet objectif pourrait être de demander à la classe de réciter oralement la liste des productions agricoles de chacun des pays étudiés. Peut-être aussi pourrait-on tenir une discussion informelle au cours de laquelle les étudiants essaieraient de rappeler les productions agricoles dont il s'agit. Les occasions d'exercices d'analogie en rapport avec cet objectif franchement simple sont, en fait, quelque peu limitées, mais si votre exemple est comparable à ces deux activités, votre réponse est correcte.

---

19 *Pour l'objectif suivant, rédigez, aux endroits prévus, une activité qui constituerait un exercice d'équivalence et une autre qui constituerait un exercice d'analogie.*

L'objectif *d'un cours de biologie est d'obtenir des étudiants qu'ils identifient au microscope quatre ou cinq structures cellulaires différentes.*

L'exercice d'équivalence consisterait à obtenir des étudiants qu'ils se servent de leurs microscopes pour pratiquer l'identification de structures cellulaires différentes. Il existe dans cet exemple plusieurs activités qui pourraient constituer des exercices d'analogie. De telles activités pourraient proposer aux étudiants de reconnaître les structures cellulaires projetées sur un écran. Peut-être aussi l'enseignant pourrait-il décrire oralement à quoi ressemblent les différentes cellules et en demander l'identification. De tels exercices d'analogie aideraient les étudiants à atteindre l'objectif.

En résumé, vous avez appris la différence entre deux types d'exercices appropriés, ceux d'équivalence et ceux d'analogie. Vous avez vu aussi que les comportements intermédiaires doivent souvent être maîtrisés avant l'exercice approprié. Il vous a été donné l'occasion d'imaginer des exercices appropriés d'activités d'apprentissage en rapport avec différents objectifs pédagogiques. Muni de ces compétences, vous devriez maintenant être plus capable de sélectionner des activités pour vous-même et pour vos étudiants, activités qui conduiront à la réalisation de vos buts éducatifs. En leur fournissant des exercices d'équivalence et d'analogie, les enseignants peuvent certainement améliorer les chances réelles de succès des étudiants.

COMMUNIQUER LES RESULTATS DE L'APPRENTISSAGE

Ce programme (1) est destiné à fournir au lecteur l'information concernant la communication des résultats, de telle sorte qu'à la fin il sera capable d'exécuter la tâche suivante:

> Après la présentation d'une série de situations scolaires le lecteur sera capable d'identifier celle dans laquelle l'enseignant communique les résultats aux élèves.

---

(1) Dans ce programme, un certain nombre d'items et d'affirmations choqueront certainement la plupart des pédagogues français pour qui la pratique des exercices-tests ne suffit pas à mesurer les aptitudes des élèves. Le principe énoncé ici "communiquer les résultats dans l'heure même" peut paraître difficile, sinon impossible, à appliquer dans le cas des devoirs rédigés, des contrôles trimestriels ou semestriels, ou encore d'examens blancs: ils nécessitent souvent plusieurs heures de travail de la part des étudiants et les corrections en sont souvent fastidieuses et demandent beaucoup de temps. Il est alors hors de question pour le professeur de rendre les copies corrigées à la fin de la séquence pédagogique. Cependant, plusieurs palliatifs existent pour essayer de respecter malgré tout ce principe; certains sont présentés ici même par les auteurs: prendre un devoir au hasard, le lire à haute voix et indiquer au fur et à mesure les critères de correction qui seront utilisés; afficher les bonnes réponses à l'extérieur de la classe, fournir aux élèves, sous pli cacheté, les résultats d'exercices à exécuter à la maison. On peut aussi imaginer l'enseignant remettant à chaque élève un corrigé-type après que le devoir ait été rendu pour correction. Les lecteurs convaincus de l'efficacité pédagogique du principe de communiquer immédiatement les résultats imagineront certainement d'autres moyens pour essayer de le mettre en oeuvre. (N.D.T.)

Un vieil adage pédagogique dit que les étudiants "apprennent en agissant". Mais ils peuvent apprendre des choses *fausses* – parce qu'inconsciemment ils *font* des choses fausses. Considérez par exemple l'activité suivante:

$$2 + 2 = 22$$
$$3 + 3 = 33$$
$$4 + 4 = 44$$

Il peut y avoir un léger doute sur le fait que le meilleur moyen pour un élève d'acquérir un comportement projeté est d'avoir l'occasion de pratiquer convenablement ledit comportement. *Mais* nous devons aussi lui fournir l'occasion de juger si ses comportements habituels sont corrects. En d'autres termes, nous devons lui *communiquer les résultats* de ses réponses pendant une séquence pédagogique.

Ce principe éducatif, à savoir, communiquer à l'élève ses résultats, est étroitement lié à celui des exercices appropriés qui est de lui donner l'occasion de pratiquer le comportement impliqué par l'objectif éducatif. Bien qu'il existe de nombreux témoignages expérimentaux pour soutenir la valeur éducative du principe de la communication des résultats, nous pourrions aussi faire appel à des arguments tirés du seul bon sens en faveur de ce principe. Beaucoup d'entre nous peuvent se souvenir du temps où nous étions étudiants; lorsque les examens étaient terminés nous pensions habituellement avoir réussi... pour apprendre plus tard que nous avions échoué:

> Les trois caravelles de Christophe Colomb s'appelaient la Niña, la Pinta et la Saint-Nicolas.

Mais pourquoi ne nous a-t-on jamais dit que nous étions dans l'erreur? Nous pourrions très bien, jusqu'à ce jour persévérer dans nos fausses croyances. Quand on ne communique pas ses résultats à l'étudiant, les dangers éducatifs sont considérables.

---

1 *Par exemple, de ces deux golfeurs débutants, quel est celui qui aurait le plus de chances de réaliser les meilleurs scores? Sur votre feuille-réponse, entourez la lettre qui correspond au golfeur qui a le plus de chances d'acquérir de bonnes habitudes.*

Le golfeur A. *Commence à apprendre le golf en frappant chaque matin un plein seau de balles sur le terrain, sans surveillance.*
Le golfeur B. *Commence à apprendre le golf en frappant chaque matin un demi-seau de balles avec un instructeur qui lui fait remarquer ses erreurs.*

Vous devriez avoir entouré la lettre B, car ce joueur parviendra aux meilleurs scores parce qu'il est informé de ses résultats.

Maintenant, essayons de voir de plus près ce que signifie ce principe. Enoncé d'une façon plus technique, il signifie que *l'élève doit avoir l'occasion de déterminer l'exactitude de toutes les réponses importantes qu'il donne pendant une séquence pédagogique.*

---

2 *Avec cette définition technique en tête, dites si l'enseignant dont il est question dans l'exemple suivant communique les résultats.*

Une institutrice demande à ses élèves d'épeler les mots les plus difficiles de leur lecture. Après que chaque enfant ait épelé son mot, l'institutrice dit "vrai" ou "faux" selon que le mot a été épelé correctement ou non.

Entourez OUI ou NON.

Il est clair que, dans ce cas précis, il y a communication réelle des résultats et vous deviez répondre OUI. Le "vrai" ou le "faux" de l'enseignant permet à l'élève de se rendre clairement compte de la qualité de ses réponses.

3 *Est-ce que cet enseignant applique le principe de la communication des résultats?*

Un jeune et courtois professeur d'histoire interroge fréquemment ses élèves au cours de discussions et, chose étonnante, trouve toujours un compliment à dire à propos de chaque réponse, comme par exemple "idée originale", "idée intéressante" ou "idée stimulante".

Entourez OUI ou NON.

Si vous avez répondu OUI, vous êtes encore plus courtois que lui. La réponse correcte est NON, car les élèves doivent éprouver beaucoup de difficultés dans un tel climat de courtoisie pour se rendre compte de la justesse de leurs réponses. Quand, trop souvent, une réponse incorrecte est gratifiée d'un compliment, l'élève finit par penser qu'elle est juste.

4 *Dans l'exemple suivant, l'enseignant communique-t-il les résultats?*

Un professeur d'algèbre donne fréquemment à ses élèves, en classe, des problèmes d'application non notés. Après un temps donné, habituellement cinq minutes, il leur lit les réponses correctes.

Entourez OUI ou NON.

Pour ce professeur, il fallait répondre OUI, car en leur lisant à haute voix les bonnes réponses, il permet à tous ses élèves de se rendre compte de l'exactitude de leurs réponses. Cela devrait vous montrer qu'il existe différentes manières, pour un enseignant imaginatif, d'appliquer le principe de la communication des résultats. Voici quatre procédés parfaitement clairs.

On peut communiquer les résultats:

- A. en répondant par "vrai" ou "faux";
- B. en énonçant la réponse correcte;
- C. en disant "vrai" ou "faux", avec des explications;
- D. en donnant la réponse correcte, avec des explications.

Vous avez déjà vu deux exemples des deux premiers procédés. Les enseignants peuvent encore aller plus loin, surtout quand leurs élèves se trompent, ainsi qu'il est indiqué dans les troisième et quatrième procédés. Par exemple, on peut dire à l'élève qu'il a faux et aussi *pourquoi* sa réponse est mauvaise. On pourrait aussi lui dire pourquoi sa réponse est bonne, mais en général cela fait un pléonasme.

---

5 *Accessoirement, pouvez-vous rappeler celui des quatre procédés de communication des résultats qui vient d'être utilisé dans les items précédents?*

Entourez la lettre qui correspond au procédé exact.

Il fallait entourer D, car si la bonne réponse vous a été donnée, vous avez eu, en plus, un texte explicatif.

Il existe encore d'autres variantes de ces procédés. Un enseignant ne doit pas toujours commencer par "correct" ou "incorrect" en s'adressant à l'élève.

6 *Par exemple, dans le cas suivant, quelle est celle des quatre actions de l'enseignant, face à une mauvaise réponse d'un étudiant, qui peut vous montrer que sa remarque a été inadéquate?*

L'enseignant:

A. Sourit de façon ironique et interroge un autre étudiant.
B. Hausse les épaules.
C. Frappe violemment sur le pupitre de celui qui s'est trompé.
D. Fait tout cela à la fois.

Entourez la lettre correspondante.

Votre choix aurait dû porter sur D car, bien que bizarres, les trois premières attitudes signifient un grand mécontentement de l'enseignant et permettent à l'élève d'en déduire que sa réponse était mauvaise. Les enseignants ont à leur dispositions de nombreuses façons de faire savoir aux élèves que leurs réponses sont inacceptables. Aussi loin qu'un élève est capable d'interpréter ce que pense le maître, on peut dire que le principe de la communication des résultats est appliqué.

7 *Dans cet exemple, l'enseignant applique-t-il le principe de la communication des résultats?*

Alors qu'un dialogue questions-réponses est engagé avec ses élèves, M. Dupond répond toujours "correct" quand un élève a bon. Quand l'un d'eux répond mal, M. Dupond ne dit rien, mais demande à un autre de répondre à la question.

Entourez OUI ou NON.

Vous avez dû entourer OUI, car même s'il ne dit pas "incorrect" à un élève qui se trompe, la classe de M. Dupond a sans aucun doute compris que lorsqu'il s'adresse à un second élève c'est que la réponse du premier était fausse.

---

8 *Essayez maintenant avec cet exemple et dites si le professeur utilise le principe en question.*

Un professeur de géométrie attend beaucoup de ses élèves: à chaque fois qu'il les questionne, il escompte une bonne réponse. En conséquence, quand un élève répond correctement, il ne dit rien; par contre, lorsqu'il s'agit de réponses incorrectes, il dit simplement "mauvaise réponse" et interroge un autre élève.

Entourez OUI ou NON.

Ici encore, il fallait répondre OUI, car même s'ils n'entendent jamais l'équivalent de "bonne réponse", les élèves peuvent comprendre tout de suite si leurs réponses sont satisfaisantes.

Un autre aspect important du principe de la communication des résultats est la rapidité avec laquelle il est utilisé. Des études faites sur des animaux tels que les rats ou les pigeons, montrent qu'un délai de quelques millièmes de seconde suffit pour diminuer le pouvoir de motivation que représente une boulette de nourriture quand elle est utilisée comme récompense, d'une façon similaire à la communication des résultats en classe.

Dans les situations humaines, nous sommes tout aussi

anxieux de découvrir *rapidement* si nos réponses sont ou non adéquates. Ainsi, plus vite les résultats sont communiqués, meilleur c'est.

On pourrait soutenir que si un étudiant a passé un examen lorsqu'il était au lycée, et qu'il apprend l'exactitude de ses réponses plusieurs années après (sur son lit de mort par exemple!) techniquement ceci pourrait être considéré comme une application du principe de la communication des résultats. Evidemment, un tel délai tendrait à minimiser la valeur de ce principe. Dans l'intérêt de cette discussion, puisqu'il est souhaitable d'avoir quelques points de référence, mettons-nous d'accord: sans l'existence d'un plan établi par l'enseignant, plan qui prévoit que l'élève peut juger de la correction de ses réponses *dans l'heure même,* la communication des résultats n'a pas lieu. Par exemple, si les élèves d'une classe de mathématiques ont des exercices à faire à la maison, mais doivent attendre le cours de mathématiques du lendemain pour savoir si leur travail est correct, le principe de la communication des résultats *n'est pas* appliqué. L'enseignant aurait dû donner aux élèves, sous pli cacheté, une feuille avec les réponses justes, afin qu'ils aient la possibilité de contrôler leurs propres réponses une fois leurs exercices terminés – ou mieux, après chaque problème, pour que la communication des résultats soit plus immédiate encore.

---

9 *Fort de cette nouvelle condition, dites si l'enseignant dont il est question dans l'exemple suivant, applique le principe de la communication des résultats.*

Après avoir demandé à ses élèves de compléter un test "vrai ou faux" de dix items, et cela pendant la dernière partie de son cours, Mlle Lebec ramasse les feuilles puis lit chaque item en annonçant "vrai" ou "faux". Il n'est permis aucune discussion sur les questions.

Entourez OUI ou NON.

Il fallait répondre OUI, car Mlle Lebec applique le principe de la communication des résultats en lisant les réponses correctes à haute voix.

---

10 *De la même façon, est-ce que ce professeur applique le principe?*

M. Dubois, demande à ses élèves de rédiger, pendant la classe, deux à quatre courts paragraphes. Il travaille tard dans la nuit pour être sûr que les copies de ses élèves seront notées et rendues le lendemain.

Entourez OUI ou NON.

En dépit de la diligence de M. Dubois, il fallait répondre NON, car plus d'une heure s'est écoulée entre le moment où les étudiants ont composé et celui où les copies notées leur ont été rendues. Ce que M. Dubois aurait dû faire – car il est impossible de noter de nombreux devoirs en moins d'une heure – c'est, à la fin du cours, lire un devoir pris au hasard, et indiquer d'après quels critères il l'aurait noté. Cela aurait au moins donné quelque idée à toute la classe sur la valeur de leurs devoirs.

Il est possible que vous rencontriez d'autres termes servant à qualifier le principe de la communication des résultats. On l'appelle parfois *feedback* (1) ou encore "renforcement". Techniquement, un renforcement tendra à augmenter la probabilité pour l'élève de donner la bonne réponse immédiatement après. Par exemple après avoir appuyé sur un levier, un rat affamé reçoit une boulette de nourriture, il essaye ensuite d'appuyer sur le levier le plus souvent possible.

---

(1) Nous conservons ici le terme anglais, utilisé maintenant couramment dans la littérature pédagogique francophone. (N.D.T.)

Exemple de renforcement en laboratoire

Réponse originelle		*Renforcement*		*Probabilité augmentée de répétition*
Le rat appuie sur le levier	→	il obtient de la nourriture	→	il appuie plus souvent sur le levier

Exemple de renforcement en classe

Réponse originelle		*Renforcement*		*Probabilité augmentée de répétition*
L'étudiant répond	→	L'enseignant dit "correct"	→	L'étudiant redonne la réponse quand on lui pose la même question

Toutefois, lorsque l'étudiant commet une faute et que celle-ci lui est signalée, cela tend habituellement à *diminuer* la probabilité de le voir donner la même réponse à une question identique. Ainsi donc, lorsqu'on indique à l'étudiant que sa réponse est incorrecte (soit par intervention du professeur ou d'un autre étudiant), il serait impropre de dire que son comportement est renforcé.

Exemple de non-renforcement en classe

Réponse originelle		*Communication des résultats*		*Probabilité diminuée de répétition*
L'étudiant répond	→	L'enseignant ou un autre étudiant intervient	→	L'étudiant donne une autre réponse quand on lui pose la même question

---

11 *Que vous nommiez ce principe* feedback *ou "communication des résultats", dites si l'enseignant de l'exemple ci-dessous l'utilise.*

Ayant donné un exercice d'orthographe à ses élèves en début de séance, l'institutrice le corrige rapidement pendant qu'ils font vingt minutes de lecture silencieuse; après cela, elle leur rend leurs feuilles sur lesquelles chaque enfant peut lire si sa réponse était "bonne", "moyenne" ou "médiocre".

Entourez OUI ou NON.

C'est un item difficile, et il a dû vous créer quelque embarras. Il semble que, même avec cette estimation grossière de leur performance, les élèves aient eu une idée globale de l'adéquation de leurs réponses. De ce fait, techniquement, la réponse est OUI. Encore qu'il paraît évident qu'un *feedback* plus spécifique eût été préférable.

Un *feedback* grossier peut être assez utile dans la mesure où les réponses demandées présentent une certaine homogénéité. Mais lorsqu'il est exigé des réponses différentes, comme c'est le cas dans cet exercice, nettement subdivisé en quatre ou cinq parties, l'utilisation d'un *feedback* grossier est de peu de valeur.

12 *Est-ce que, dans cet exemple, l'enseignant communique les résultats à ses élèves?*

Mme Langlois, professeur d'anglais, demande à ses élèves, en début de séance, de rédiger quelques courts paragraphes. Elle les corrige rapidement pendant que ses élèves s'adonnent à un exercice de lecture. Juste avant la fin de la séance elle leur rend leurs feuilles sur lesquelles elle a noté une, deux ou trois remarques, selon que les paragraphes rédigés étaient non satisfaisants, satisfaisants ou excellents. Bien que Mme Langlois se soit intéressée à des détails techniques tels que la structure d'une phrase, elle n'a pas le temps de fournir plus que cette estimation générale.

Entourez OUI ou NON.

Cette façon qu'a Mme Langlois de communiquer les résultats est très générale. Bien qu'il eût été préférable qu'elle use d'un *feedback* plus explicite, elle a quand même donné à ses élèves *une certaine* information concernant la justesse de leurs réponses et, par conséquent, il fallait répondre OUI à cet item.

---

13 *Voyez maintenant l'exemple suivant et dites si l'enseignant communique les résultats.*

Pour l'examen de fin de semestre, le professeur de biologie affiche, sur le côté externe de la porte de la classe, une copie du test avec les réponses exactes. Ainsi, les étudiants peuvent noter leurs réponses dès qu'ils ont terminé leur examen.

Entourez OUI ou NON.

Ici, il fallait répondre OUI. Cependant, la communication des résultats lors des contrôles finals d'une séquence d'instruction permet de soulever un point intéressant. *Si* le seul moment où il y a communication des résultats se situe *après* que l'étudiant ait terminé son examen de contrôle, l'impact de cette communication sur son test de performance est pratiquement nul. C'est avant les examens finals que les enseignants devraient donner de nombreux exercices pratiques *avec feedback*. Si la communication a seulement lieu après, bien sûr, techniquement, l'enseignant a fourni un plan grâce auquel l'étudiant peut juger si ses réponses sont correctes ou non. L'enseignant pourrait alors accorder un certain crédit à cette communication des résultats bien qu'il apparaisse clairement qu'il ne s'agit pas de la procédure optimale.

---

14 *Dans cet item, l'enseignant assure-t-il la communication des résultats?*

A la fin de chaque unité d'enseignement, M. Valence, professeur de chimie, donne un test critérié qui correspond à l'unité et qui constitue la seule évaluation de ce que l'étudiant a appris en cours. En d'autres termes, M. Valence n'utilise aucun autre type d'évaluation de fin d'unité que celle-là. Le seul moment où il donne à ses étudiants l'occasion de savoir si leurs réponses sont bonnes, c'est à l'issue de ces tests. Pendant la majeure partie de son cours, M. Valence aime "mystifier" ses étudiants, car il croit que cette attitude stimulera leur curiosité intellecteulle.

Entourez OUI ou NON.

Même s'il est exact que ce professeur n'a pas aidé ses étudiants à réaliser une bonne performance lors du test final, et cela parce qu'il ne leur a communiqué aucun résultat au préalable, techniquement, on doit considérer qu'il a néanmoins fourni cette communication, encore qu'il ne fasse aucun doute qu'il n'a pas utilisé la façon la plus appropriée. Il fallait répondre OUI.

Soit dit en passant, même si l'on n'y a pas insisté jusqu'ici, il apparaît qu'un enseignant devrait communiquer les résultats avec un certain tact. Le moi des étudiants est une entité plutôt fragile, et l'enseignant peut facilement annihiler le comportement de réponse s'il corrige une erreur d'une manière trop rude. Aussi souvent que possible, les enseignants doivent faire preuve de certains égards dans la communication des résultats à propos des mauvaises réponses.

Voici maintenant deux derniers exercices pour lesquels vous direz si le principe de communication des résultats a été appliqué.

---

15 *Parce que ce professeur de lettres a le souci de donner aux efforts écrits de ses élèves toute l'attention qu'ils méritent,* *elle assortit chaque devoir d'abondants commentaires. Ce travail exigeant beaucoup de temps, les copies ne sont habituellement rendues aux élèves qu'environ deux semaines après leur rédaction.*

Entourez OUI ou NON.

Même si l'on prétend qu'en fin de compte les étudiants ont connaissance de leurs performances, le feedback intervient bien après la limite d'une heure. Ce zélé professeur dépeint dans cet exemple est certainement bien intentionné, mais elle devrait surveiller attentivement les réactions souvent indifférentes de ses étudiants à propos des remarques, certes scrupuleuses, mais *vieilles de deux semaines;* elle aurait intérêt à modifier son plan de correction de telle façon que les résultats soient communiqués plus rapidement (1).

---

16 *Dans cet exemple, le professeur applique-t-il le principe de la communication des résultats?*

Mlle Laforêt donne de nombreux exercices de langage dans sa classe de français. Lorsque les élèves ont terminé, elle leur demande d'échanger leurs copies. Mlle Laforêt lit alors les bonnes réponses, puis les copies corrigées sont rendues à leurs auteurs.

Entourez OUI ou NON.

Il fallait répondre OUI, car ce professeur fournit, d'une fa-

---

(1) Même si le professeur dont il est question dans cet item "modifie son plan de correction", il nous paraît difficile, voire impossible, de respecter la limite d'une heure recommandée par les auteurs. Le palliatif consisterait certainement ici à remettre aux élèves un corrigé-type établi par le professeur ou encore divers plans possibles du devoir; les élèves auraient ainsi un moyen de porter un jugement sur leur travail avant la remise de leurs copies annotées. (N.D.T.)

çon parfaitement claire, un plan par lequel l'élève peut se rendre compte de l'exactitude de ses réponses.

En résumé, ce programme a souligné l'importance, pour un étudiant, de se voir fournir un plan lui permettant de se rendre compte de la valeur des réponses faites lors de la séquence pédagogique. Nous avons aussi présenté plusieurs méthodes de communication des résultats. Il a été recommandé que le *feedback* ait lieu aussi vite que possible après que l'étudiant ait répondu. D'un bout à l'autre du programme, nous avons insisté sur la valeur de ce principe, recommandé à la fois par le bon sens et la recherche en éducation, principe selon lequel l'utilisation de l'exercice approprié couplé à la communication des résultats conduit sûrement l'étudiant à accomplir sa tâche.

ANALYSER ET ORDONNER LES COMPORTEMENTS D'APPRENTISSAGE

Ce programme fournit des informations sur l'analyse des tâches et envisage la réalisation des objectifs suivants. A la fin du programme, le lecteur sera capable de:

1. Décrire une stratégie d'analyse et d'enchaînement des séquences pédagogiques.

2. Formuler des comportements initiaux et intermédiaires pour un objectif final donné.

Parmi les problèmes les plus sérieux qu'un enseignant doit affronter, il y a celui de la décision de ce qu'il doit faire pour aider ses étudiants à atteindre les objectifs souhaités. Il ne fait aucun doute que la condition première nécessaire à une programmation effective de l'enseignement consiste à énoncer des objectifs comportementaux explicites. Cependant, pour qui a toujours essayé de le faire, il est clair que l'énoncé d'objectifs comportementaux est loin de résoudre toutes les exigences de l'enseignement. Tout enseignant doit disposer d'autres moyens pour identifier et ordonner les activités qui lui donneront toutes ses chances de succès. Même un novice peut se rendre compte de l'énormité de la tâche, car l'enseignant doit non seulement considérer la matière qu'il enseigne mais encore les qualités personnelles de ses étudiants – leur âge, leur expérience scolaire antérieure, leur degré de motivation – et, bien sûr, le style d'enseignement dans lequel il se sent lui-même le plus à l'aise. En raison de la multiplicité des variables, il n'est pas étonnant que la mise en place d'une théorie d'ensemble destinée à manier chacun des facteurs en rapport, ait été éludée à la fois par les éducateurs et les psychologues. Nous avons montré par exemple, que certains principes, tels que ceux des exercices appropriés et de la communication des résultats, peuvent être utilisés dans de nombreuses situations éducatives différentes. Mais cela veut-il dire que l'enseignant n'a qu'à simplement énoncer ses objectifs, puis donner à ses étudiants des exercices appropriés en leur communiquant ensuite les résultats? Est-ce que cela signifie vraiment "programmer l'enseignement"? S'il n'y avait que cela pour inquiéter un enseignant dans la réalisation de ses objectifs, la vie serait belle. Mais tel est rarement le cas.

---

1 *Par exemple, si votre objectif était de rendre vos étudiants capables de résoudre des équations différentielles, pensez-vous qu'en donnant à résoudre de telles équations à des étudiants inexpérimentés, vous les aurez suffisamment préparés à maîtriser l'objectif?*

Entourez OUI ou NON sur votre feuille-réponse.

La réponse est NON. Il est peu probable que des étudiants n'ayant reçu, au préalable, aucun enseignement mathématique, soient capables de mettre à profit l'ensemble des problèmes qu'on leur donne à résoudre. Il existe bien sûr certaines autres tâches qui doivent être maîtrisées par les étudiants; on pourrait les qualifier de "sous-objectifs" par rapport à la capacité à résoudre des équations différentielles. Malheureusement, certains enseignants ne portent pas une attention systématique aux tâches intermédiaires qui permettent d'atteindre les objectifs fixés. Mais on ne peut les blâmer pour une telle omission dans la programmation de l'instruction. Ils ont été formés dans une tradition qui les orientait vers d'autres facteurs.

Par exemple, dans le cas de l'histoire, la division en séquences peut partir d'un cadre conceptuel. Ainsi, un professeur pourrait décider d'enseigner les concepts de totalitarisme et de démocratie. Il choisirait alors des éléments pédagogiques tels que cours, lectures dirigées, exposés, qui pourraient aider à l'apprentissage de ces concepts. Encore que les raisons de présenter tel thème en premier plutôt que tel autre, ne soient pas bien claires pour lui. En plus, définir la séquence pédagogique *à l'intérieur* d'un thème n'est pas vraiment programmer avec beaucoup de précision. Cela nous amène à revenir sur le problème permanent de la clarté des objectifs éducatifs. Dans la majorité des cas, les enseignants ne définissent pas avec suffisamment de précision l'ensemble des comportements qu'ils souhaitent voir manifester par leurs élèves. Tout en voulant leur "faire comprendre les institutions démocratiques", par exemple, ils ne sont pas allés plus loin dans la description de la manière dont cette compréhension doit être prouvée. On voit aisément pourquoi il est impossible d'organiser avec précision la séquence d'enseignement quand les résultats souhaités ne sont que vaguement formulés.

Préciser les objectifs éducatifs est la condition prérequise pour préciser les séquences.

Lorsque l'enseignant atteint un certain degré de précision dans l'énoncé de ses buts, aussi bien en ce qui concerne le contenu présenté à l'étudiant que son comportement souhaité ou, plus exactement, la relation stimulus-réponse, alors, le responsable de la programmation de l'instruction peut opérer avec quelque espoir de succès. Il peut, pour le moins, appliquer le critère de pertinence pour juger les *comportements intermédiaires* de l'élève sur la voie de l'objectif terminal. La stratégie d'identification des comportements prérequis en rapport avec les objectifs éducatifs, telle qu'elle est ici recommandée, est basée sur l'étude du couple stimulus-réponse et non sur le seul stimulus. Au lieu de se concentrer uniquement sur l'agencement des séquences d'enseignement qui seront présentées à l'étudiant, il s'agit plutôt d'en programmer les conséquences, c'est-à-dire les comportements souhaités.

Il y a ici un grand pas en avant de fait par rapport à ce que les enseignants pensent habituellement de la programmation des séquences pédagogiques. Il est en effet plus courant de décrire un programme d'enseignement en termes de ce que l'enseignant présentera à l'élève plutôt qu'en termes de ce que feront les étudiants. Par exemple, il se pourrait qu'un professeur de lettres programme sa séquence d'enseignement en présentant d'abord de courts poèmes lyriques, puis des récits en vers, et enfin des pièces dramatiques.

Une telle séquence implique que l'étudiant se sera vu présenter au moins deux exemples de chaque catégorie, mais ne précise rien d'autre. Par exemple, il devra lire des poèmes. Toutefois, il est important que l'enseignant détermine quelles sortes de réponses il pourra exiger de l'élève afin que celui-ci prouve qu'il a compris chacun des stimuli auxquels il a été soumis. Quels comportements pourra-t-il espérer manifester aux différentes étapes du processus d'instruction? Devra-t-il réciter des poèmes, les expliquer, rédiger des essais en respectant certaines tournures poétiques? Trop souvent, de tels comportements ne sont pas précisés parce que l'enseignant n'y a pas du tout pensé en ces termes. Ainsi, il apparaît clairement que les objectifs terminaux ne doivent pas être définis seulement en termes de réponses de l'étudiant, mais que toutes les autres composantes de l'instruction permettant à l'étudiant d'atteindre ces objectifs doivent aussi être définies en termes de comportements.

Comportement → comportement → comportement → objectif comportemental.

Le problème fondamental, ici, est de savoir comment faire pour décider quels comportements peuvent être qualifiés d'*intermédiaires*.

2 *Par exemple, pensez-vous que le comportement suivant soit prérequis pour parvenir à l'objectif comportemental donné?*

Objectif final: *être capable de résoudre oralement des problèmes impliquant une simple addition.*
Objectif intermédiaire: *résoudre des problèmes de divisions.*

Entourez OUI ou NON.

La bonne réponse est NON. Il serait très difficile de soutenir le fait que la capacité de résoudre des divisions soit vraiment *nécessaire* pour additionner. Il est très probable qu'un élève viendrait à bout de cette tâche (résoudre oralement des additions) sans posséder les compétences pour résoudre des divisions. Cependant, un simple coup d'oeil sur les leçons imaginées par les professeurs de mathématiques montre que, souvent, tous les genres d'opérations arithmétiques, telles que l'addition et la soustraction, sont enseignés avant que les élèves ne pénètrent les mystères des problèmes oraux. Et il n'a jamais été montré clairement pourquoi il en est ainsi.

Comment un professeur identifie-t-il les tâches composantes d'un objectif donné? La stratégie que nous proposons ici est d'éviter de suivre des séquences basées sur la routine de manuels non conformes, et, au contraire, de se poser la question suivante à propos de chaque objectif comportemental final:

Stratégie: qu'est-ce que l'élève doit être capable de faire avant d'accomplir avec succès le comportement souhaité?

Quelles compétences ou habiletés doivent être absolument prérequises en vue de l'accomplissement de cet objectif? En vous demandant: "Un élève peut-il atteindre l'objectif souhaité sans être capable de prouver sa maîtrise de l'objectif intermédiaire?", vous seriez capable de comprendre ces composantes de base de l'instruction. On peut renforcer ces tâches intermédiaires par des exercices de motivation dans le but de soutenir l'intérêt de l'élève, mais dans le cadre de l'enseignement proprement dit les objectifs intermédiaires développés par ce procédé seraient relativement encombrés.

---

3 *Supposons que votre objectif fut:*

"Rédiger un paragraphe à partir d'une phrase-thème."

Comment analyseriez-vous cet objectif de telle manière que la composante appropriée ou les comportements intermédiaires soient décrits? Posez-vous la question: "Quelles sont les habiletés nécessaires à l'élève pour qu'il réussisse cette tâche?" Ecrivez, aux endroits prévus, au moins trois de ces habiletés.

Vous auriez pu proposer de nombreux comportements intermédiaires, cela dépend de la façon dont vous comprenez le processus de rédaction du paragraphe. Par exemple, vous pourriez désirer que votre élève sache ce qu'est un paragraphe, dans ce cas il faudrait lui faire distinguer la différence entre des paragraphes et des phrases. De plus, vous pourriez désirer que votre élève soit capable de rédiger des phrases en français. Il est possible, dans ce cas, de décrire un ensemble complet d'autres compétences prérequises, par exemple: l'aptitude à utiliser les règles courantes de l'emploi des majuscules et de la ponctuation. Vous auriez pu décider que les règles d'usage sont tout aussi importantes, et insister pour que votre élève sélectionne les combinaisons de mots appropriées du français courant. Peut-être que pour vous, orthographier est aussi important, et vous pourriez demander à vos élèves de prouver leur maîtrise à orthographier correctement soit la totalité, soit une partie des mots qu'ils utilisent.

Nous n'avons toujours pas abordé le problème de la phrase-thème (qu'est-ce qu'une phrase-thème, comment les autres phrases doivent se relier entre elles), et déjà nous avons identifié plusieurs comportements intermédiaires:

orthographier — règles d'usage — thème de construction

↘ ↓ ↙

Paragraphe écrit à partir d'une phrase-thème

↗ ↑ ↖

phrases — ponctuation — emploi des majuscules

Quelque chose d'extrêmement important vient d'être démontré par le développement de cet ensemble de comportements intermédiaires:

Personne n'analysera un objectif donné selon les mêmes composantes.

D'abord, il est certain que personne ne croira que tous les comportements intermédiaires précédemment énoncés soient prérequis pour l'objectif final. Mais tout enseignant peut déduire, à partir de la performance de ses élèves après apprentissage, si certaines tâches intermédiaires importantes ont été oubliées. Si nous le pouvions, nous vérifierions de façon empirique notre sélection de comportements intermédiaires, nous pourrions ainsi nous rendre compte si "écrire une phrase" était réellement un comportement intermédiaire et si "faire des exercices avec les parties indépendantes du discours" aidait à la réalisation de l'objectif. Mais une telle vérification empirique de toutes les combinaisons possibles des composantes est en contradiction complète avec les limites réelles et les plans à l'intérieur desquels opèrent beaucoup d'enseignants. Par conséquent, beaucoup d'entre eux n'auraient jamais le loisir de mener à bien leur vérification afin de savoir si leur pratique utilisait l'ensemble de compétences le plus économique.

On devrait considérer plus en détail cet aspect "économique" de l'instruction. Il est possible d'identifier plus de comportements intermédiaires qu'il n'est nécessaire pour réaliser l'objectif. Peut-être que l'habileté à répertorier les mots qui entrent dans les parties du discours n'est pas une compétence essentielle pour rédiger un paragraphe. Après avoir décrit, aussi exhaustivement que possible, les comportements intermédiaires, l'enseignant devrait utiliser une technique soustractive. En en supprimant et en observant le résultat du comportement final de l'élève, il peut déduire un ensemble de comportements intermédiaires plus efficace.

Ensuite, l'important c'est que les choix existent vraiment pour les composantes courantes des comportements sélectionnés pour enseigner. Vous devriez être capable d'analyser un objectif éducatif et de reconnaître que vous disposez de nombreuses options pour élaborer une séquence particulière. L'organisation traditionnelle d'une discipline, telle qu'elle est décrite dans un manuel ou un plan de cours, peut être totalement inappropriée aux buts que vous poursuivez, ainsi, vous ne vous sentirez pas obligé de rester prisonnier de ce cadre traditionnel.

Pour les objectifs terminaux suivants, on vous donnera un comportement intermédiaire. Vous en rédigerez un autre pour chaque objectif, en vous demandant: "Quelles compétences doit manifester l'étudiant pour réaliser l'objectif".

---

4 *Trouvez un comportement intermédiaire approprié pour l'objectif suivant.*

Objectif terminal: *être capable d'identifier les principaux ports de mer européens sur une carte du monde.*
Comportement intermédiaire: *identifier l'Europe sur une carte du monde.*

Ecrivez, à l'endroit prévu, un second comportement intermédiaire.

Parmi les comportements intermédiaires possibles, vous auriez pu écrire: identifier des ports de mer; distinguer sur la carte les espaces marins des terres; ou identifier les centres de population.

---

5 *Pour l'objectif suivant, rédigez à l'endroit prévu, un second comportement intermédiaire.*

Objectif final: *expliquer par écrit les principes essentiels de la théorie d'apprentissage par stimulus-réponse.*

Comportement intermédiaire: *expliquer par écrit ce qu'est un stimulus.*

Il est évident que vous demanderiez d'abord à vos étudiants d'expliquer par écrit ce qu'est une "réponse". Beaucoup de gens auraient réagi de cette façon même sans rien connaître de la théorie S–R.

Lorsqu'on analyse les objectifs, y-a-t-il des limites dans l'utilisation de la stratégie "de quelles compétences l'étudiant a-t-il besoin..."? Jusqu'où peut-on aller dans la division de la tâche en sous-tâches? Par exemple, jusqu'où pourrait-on aller dans l'utilisation de cette stratégie à propos de l'objectif présenté plus haut: "Rédiger un paragraphe à partir d'une phrase-thème"? Si vous voulez pousser la stratégie à l'extrême, vous devriez alors vous poser la question suivante: "Quelles compétences l'étudiant doit-il posséder..?", jusqu'à ce que l'élève ait acquis l'habileté à former les lettres avec un stylo, à identifier les lettres, à s'exprimer oralement avec facilité et à désigner les concepts de base.

Tous ces prérequis ne dépendent pas de vous.

Quand il conçoit des matières d'enseignement ou des séquences, l'enseignant doit savoir escamoter les prérequis non nécessaires. Ce qui signifie, naturellement, qu'afin de suivre avec succès votre enseignement, l'étudiant doit se présenter à vous muni d'au moins certaines compétences de base bien définies qu'on appelle les *comportements initiaux.*

Quelqu'un qui conçoit des matières d'enseignement a plus de latitude pour décider de quels prérequis l'étudiant doit avoir besoin avant d'entamer un programme. Mais, dans la majorité des cas, ceux qui enseignent n'ont pas cette chance car ils doivent "prendre les étudiants où ils en sont". Un professeur ne peut commencer à enseigner la multiplication des fractions si aucun des élèves qui entrent dans sa classe ne sait résoudre des multiplications de nombres entiers. Un auteur de programmes pourrait dire "voilà, l'élève doit être au moins capable de faire X, Y et Z, ou bien il ne peut pas suivre mon programme". Théoriquement, un enseignant pourrait exclure l'élève de sa classe, mais pratiquement il y en a peu qui peuvent constituer leurs classes comme ils l'entendent.

---

6 *En rapport avec l'objectif et le comportement intermédiaire suivants, rédigez* à la fois *un autre comportement intermédiaire et un comportement initial que vous supposez acquis par l'étudiant.*

Objectif final: *dessiner les plans de construction d'une maison de six pièces effectivement réalisable.*

Comportement intermédiaire: *dessiner les plans d'une maison de deux pièces.*

Ecrivez vos réponses aux endroits prévus.

Si vous vous posez la question "de quoi l'étudiant a-t-il besoin pour être capable de réaliser l'objectif final?", vous pourriez proposer qu'il lui soit donné l'occasion de prouver qu'il sait dessiner des plans à plus petite échelle, par exemple une chambre ou une cuisine. Il devrait aussi posséder une compétence suffisante dans l'application des principes architecturaux de base, telle que les bâtiments qu'il conçoit tiennent debout. Un comportement initial pourrait être aussi la capacité à dessiner et reconnaître les figures géométriques de base.

---

7 *Posez-vous la question: "De quelle compétences un étudiant aurait-il besoin afin de réaliser cette tâche?", et proposez deux comportements intermédiaires et un comportement initial en rapport avec l'objectif suivant.*

Objectif terminal: *être capable de résoudre des équations chimiques peu courantes.*

Ecrivez vos réponses aux endroits prévus.

Deux comportements intermédiaires très raisonnables devraient être: premièrement, que l'étudiant soit capable d'identifier, de reproduire ou de rechercher les valences des équations chimiques en cause; deuxièmement, qu'il prouve, à l'aide d'équations algébriques simples, qu'il sait balancer les opérations arithmétiques de chaque côté du signe égal. Quant à un comportement initial raisonnable, ce pourrait être la compétence à résoudre les opérations arithmétiques de base, telles que l'addition et la soustraction.

---

8 *Proposez à nouveau deux comportements intermédiaires et un comportement initial pour l'objectif suivant, en décidant de quelles compétences ou habiletés un étudiant devrait avoir besoin pour être capable de satisfaire au comportement final.*

Objectif final: *l'étudiant devra être capable d'identifier des comportements intermédiaires à partir d'un objectif terminal donné et exprimé en termes de comportements.*

Ecrivez vos réponses aux endroits prévus.

Comme comportement initial, vous auriez pu décider que l'étudiant avait besoin d'une certaine compétence verbale dans l'utilisation du terme "intermédiaire". Vous auriez pu proposer qu'il soit capable de définir des items. Un comportement intermédiaire pourrait être qu'il soit capable de faire la distinction entre des réponses conformes et des réponses non conformes au comportement demandé. Vous pourriez aussi émettre le voeu qu'il sache rédiger clairement des objectifs comportementaux.

9 *Pour l'objectif suivant, identifiez deux comportements intermédiaires appropriés.*

Objectif final: *un étudiant francophone sera capable de rédiger en anglais une critique d'une récente pièce de théâtre ou d'un roman anglais, en tenant compte à la fois de la forme et du fond.*

Ecrivez vos réponses aux endroits prévus.

Ici encore, l'éventail des réponses est très large, mais certains comportements intermédiaires possibles pourraient être: traduire des mots anglais en français, définir les termes "forme" et "fond". D'autres comportements intermédiaires pourraient inclure, par exemple, la traduction en français d'expressions anglaises non encore rencontrées; la construction en anglais de nouvelles phrases utilisant des mots et structures précédemment appris; ainsi que l'identification du thème dans un travail littéraire. Mais, encore une fois, il est possible que d'autres personnes se posant la question "de quoi l'étudiant a-t-il besoin pour être capable de réaliser cet objectif?" aboutissent à des réponses différentes. Cependant, un assez bon argument pourrait être soutenu en faveur de ces exemples exprimés en termes de pertinence par rapport à l'objectif donné.

L'autre tâche essentielle du programmeur est de découper la *séquence* dans laquelle s'insère l'enseignement. Jusque-là, vous avez appris comment produire un ensemble de comportements intermédiaires prérequis en vue de la réalisation éventuelle de l'objectif. Vous avez aussi défini les compétences initiales des élèves d'un niveau donné. Dans quel ordre l'élève pourra-t-il espérer prouver qu'il a acquis les comportements intermédiaires?

Le problème de la séquence est un problème de rendement. Vous devez déterminer le meilleur ordre possible capable d'aider les élèves à atteindre l'objectif avec le minimum de dépense en ressources éducatives. Il y a ceux qui prétendent qu'on ne peut jamais prévoir le meilleur ordre dans lequel une tâche peut être abordée par des élèves donnés, parce que l'ordre est plus une question *psychologique* que logique. De tels experts sentent qu'il est de la plus grande importance de faire en sorte que *chaque* composante nécessaire à un objectif soit découverte par l'étudiant. Il est plus grave d'oublier un degré essentiel que de ne pas les présenter dans l'ordre optimal.

Malgré tout, et c'est une nécessité, l'enseignement procède vraiment d'un certain ordre. Certaines choses doivent venir en premier. De quelle façon pouvons-nous le dire? Ici, on peut soulever la question de façon empirique et y répondre partiellement. Il est relativement facile de comparer l'alternative offerte par deux séquences d'instruction qui comprennent les mêmes composantes mais présentées dans des ordres différents. Cependant, il est préférable, quand on planifie des leçons, de pronostiquer des composantes sans être obligé d'expérimenter un ordre A contre un ordre B. Différents éducateurs ont composé des schémas pour catégoriser les tâches que les étudiants doivent exécuter. La taxonomie de Bloom et les niveaux d'apprentissage de Gagné sont remarquables parmi ces schémas. Les comportements intermédiaires peuvent être raisonnablement classés selon un de ces schémas, de telle manière que le plus simple soit toujours enseigné le premier. La plupart des psychologues conseillent d'ailleurs d'enseigner les tâches simples avant toute tâche complexe. Mais on pourrait tout aussi bien procéder par échelon et enseigner *une* tâche simple (identifier un pronom particulier dans une phrase) puis *une* tâche complexe (utiliser un pronom particulier pour construire une nouvelle phrase), comme on pourrait aussi enseigner *toutes* les compétences simples (identifier les pronoms, les verbes, etc.) puis *toutes* les tâches complexes (utiliser, dans un paragraphe original, tous les pronoms, etc.)

> La séquence concernant les comportements intermédiaires peut être introduite par la même question qui a servi à les identifier: "Quelles compétences l'étudiant doit-il posséder en vue de réaliser l'objectif?."

Le découpage des comportements intermédiaires en séquences d'apprentissage pourrait aussi être vérifié de façon empirique. Comme nous avons vu que ce genre de vérification est le seul possible, il faut déterminer la séquence en renversant l'ordre dans lequel les comportements intermédiaires étaient introduits et enseigner la chose la plus simple, ou la plus fondamentale, en premier. Par exemple, avant que vous n'exigiez d'un élève qu'il classe des compléments sur la base de leurs multiples attributs, vous voudriez savoir clairement s'il est capable d'identifier des attributs.

Choisissez soit l'objectif 1 (ci-dessous) soit l'objectif 2 (page 54) selon le sujet qui vous convient le mieux.

---

10 *Identifiez et décomposez en séquences un comportement initial et trois comportements intermédiaires.*

Objectif 1.: *être capable de préparer une expérience qui étudie une variable d'instruction.*

Ecrivez vos réponses aux endroits prévus.

Si vous vous posez la question "de quoi l'étudiant a-t-il besoin pour réaliser cet objectif?", la réponse devrait ressembler à ce qui suit. L'étudiant devrait être capable de définir, et sans doute identifier, une variable d'instruction lorsqu'on lui en décrit une. Ceci est à la fois un comportement initial et une simple tâche de connaissance. Il devrait aussi être capable d'identifier et de construire des structures expérimentales valables. En plus, il devrait savoir comment convertir une variable d'instruction sous une forme évaluable, c'est-à-dire préciser comment une variable telle que le nombre d'exercices peut se retrouver dans sa pratique. Un autre comportement intermédiaire pourrait être l'habileté à sélectionner, parmi plusieurs structures expérimentales possibles, la plus appropriée à son problème. On pourrait imaginer d'autres analyses de cette tâche, mais seule, celle décrite ici rassemble tous les critères énoncés. Une séquence possible pourrait être:

Comportement initial: définir l'expression "variable d'instruction".

Premier comportement intermédiaire: identifier des structures expérimentales.

Deuxième comportement intermédiaire: convertir la variable en test évaluable.

Troisième comportement intermédiaire: sélectionner, parmi d'autres, une structure appropriée.

Maintenant, tournez la page.

10 *Identifiez et découpez en séquences, un comportement initial, et trois comportements intermédiaires.*

Objectif 2.: *écrire un poème sur le mécontentement social selon un modèle métrique donné.*

Ecrivez vos réponses aux endroits prévus.

Si vous vous posez la question "de quoi l'étudiant a-t-il besoin pour réaliser l'objectif?", on pourrait proposer de nombreuses réponses différentes. Il devra comprendre ce qu'est un poème, tel que défini par l'enseignant (un poème peut être quelque chose de lyrique ou quelque chose qui accentue l'usage particulier de certaines figures de style). L'étudiant devra être capable de distinguer entre prose et poésie. Il devrait aussi savoir rédiger en français. On pourrait aussi s'attendre à ce qu'il soit capable de donner des exemples de mécontentement social afin de prouver de quoi il s'agit. Il devrait être capable d'identifier le modèle métrique qu'il doit utiliser pour composer le poème. Prouver sa capacité à rédiger selon le modèle métrique pourrait paraître une tâche de plus haut niveau. Prendre une position en ce qui concerne les luttes sociales serait une tâche encore plus difficile, à moins que l'étudiant ne soit complètement endoctriné auquel cas ce ne serait pas difficile pour lui. On pourrait certainement imaginer beaucoup d'autres séquences pour cet objectif. En voici un exemple:

Comportement initial: distinguer clairement entre des exemples jamais rencontrés de prose et des exemples de poésie.

Premier comportement intermédiaire: identifier des exemples d'un modèle métrique donné.

Deuxième comportement intermédiaire: écrire des vers selon un modèle métrique donné.

Troisième comportement intermédiaire: écrire des

vers en utilisant des figures de style originales telles que comparaisons ou métaphores.

Maintenant, voyez page suivante.

Le processus d'identification et de découpage en séquences de l'enseignement devrait maintenant être un peu moins hermétique pour vous. Vous devriez être capable d'observer une tâche d'instruction et de l'analyser en termes de changements du comportement que vous désirez obtenir de vos étudiants, plutôt qu'en termes de démonstrations de ce qu'ils devront faire. De plus, la stratégie "qu'est-ce que l'étudiant doit savoir faire avant de réaliser une tâche?" devrait vous permettre de proposer des comportements initiaux et intermédiaires pertinents. Une séquence possible de comportements intermédiaires peut être bâtie en renversant l'ordre dans lequel vous avez identifié les composantes. Bien sûr, la meilleure façon de décider d'une séquence est de se baser sur le contrôle empirique – si vous en avez l'occasion. Mais, parce que vous n'aurez pas souvent cette chance, l'utilisation de cette stratégie peut vous apporter une aide certaine dans l'élaboration de votre séquence pédagogique.

FAIRE PRENDRE CONSCIENCE DU BUT

Comment un enseignant doit-il stimuler l'intérêt de l'élève envers les activités d'apprentissage? Si l'on se place au niveau très simple de la compréhension de l'acte d'instruire, il semble évident que les élèves apprendront ce par quoi ils sont intéressés. Ce programme a été conçu dans le but d'attirer l'attention de l'enseignant sur la tâche importante qui consiste à garantir aux étudiants un "ensemble d'apprentissage" approprié; si vous préférez, qualifiez cela de "motivation" ou de tout autre terme semblable. Les enseignants doivent imaginer les activités éducatives qui aideront l'élève à s'apercevoir de l'intention sous-jacente à tout ce qu'il étudie.

En analysant la manière de faciliter à l'étudiant sa "prise de conscience du but", nous identifierons différentes procédures. Ce programme décrit quatre techniques qui peuvent être utilisées pour faciliter un ensemble d'apprentissage, à savoir, l'induction, la déduction, l'exhortation et les récompenses extrinsèques.

L'objectif essentiel de ce programme est d'accroître la possibilité, pour un enseignant qui programme des séances pédagogiques, d'inclure les procédures destinées à augmenter la perception qu'a l'étudiant de la valeur de l'instruction. De ce but principal, nous tirons deux objectifs spécifiques:

1. A partir de descriptions d'enseignants engagés dans des activités variées, le lecteur sera capable de faire la distinction entre ceux qui ont facilité la prise de conscience du but et ceux qui ne l'ont pas fait et, pour ceux qui l'ont facilitée, quelle est celle des quatre techniques utilisée.

2. A partir d'un sujet général et d'une description de classe, le lecteur sera capable de rédiger des exemples corrects de chacune des quatre techniques de prise de conscience du but décrites dans le programme.

Cela peut sembler une simple question de bon sens de dire que les étudiants ont tendance à mieux apprendre lorsqu'ils aperçoivent une certaine valeur dans ce qu'ils sont supposés apprendre. Cependant, beaucoup d'enseignants sont persuadés que leur discipline est tellement intéressante que le simple fait de l'exposer suffira à infiltrer dans l'esprit des étudiants le désir de bien faire. La simple évidence montre que lorsque les étudiants comprennent en quoi l'enseignement les concerne directement, il est plus probable qu'ils parviennent à une maîtrise de la matière enseignée. Comme tout enseignant, vous désirez certainement que vos étudiants apprennent aussi bien que possible. L'utilisation du principe de la prise de conscience du but de l'apprentissage peut les aider à apprendre bien plus qu'ils ne le feraient si ce principe n'était pas appliqué.

Ce programme présentera le principe qui consiste à *faciliter la prise de conscience du but de l'apprentissage.* Ce principe exige de l'enseignant qu'il s'efforce d'amener ses étudiants à comprendre pourquoi la matière enseignée est importante pour *eux.* Enoncé de façon plus technique, cela veut dire que l'enseignant s'efforce d'établir un *ensemble d'apprentissage* tel que les étudiants seront plus réceptifs aux stimuli éducatifs. Le programme est fait de telle façon que vous serez capable d'identifier des situations éducatives dans lesquelles le principe de la prise de conscience du but est utilisé.

Vous apprendrez aussi à identifier quatre méthodes diffirentes pouvant être utilisées par les enseignants pour contribuer à cette prise de conscience du but. Enfin, selon une matière et une classe particulière données, vous pourrez vous exercer à imaginer des activités destinées à faciliter la prise de conscience du but au moyen de chacune des quatre méthodes.

Maintenant, revenons au principe de facilitation de la prise de conscience du but et remarquez le terme "facilitation" utilisé comme un qualificatif.

---

1 *Si vous dites à vos étudiants quelle est l'importance d'une matière, pouvez-vous supposer qu'ils soient automatiquement d'accord avec vous?*

Répondez en entourant OUI ou NON sur votre feuille-réponse.

La réponse est NON. Il serait très difficile de déterminer si un étudiant a réellement "compris" la pertinence de l'enseignement et accepté sa valeur. Pour déterminer correctement si l'étudiant a vraiment pris conscience du but, l'enseignant peut organiser une expérience consistant à comparer l'effet de ce qu'il a dit et de ce qu'il n'a pas dit sur le pourquoi de l'apprentissage d'un sujet particulier. Sans cela, un enseignant ne peut être *sûr* de la réceptivité de l'étudiant. Mais nous *pouvons* présenter des approches pour *aider à faciliter* une attitude favorable de l'étudiant envers la discipline.

Une approche tendant à faciliter la prise de conscience du but consiste en l'utilisation de récompenses telles que les bonnes notes.

La «facilitation» de la prise de conscience du but par récompenses extrinsèques.

La perspective de ces récompenses sert de stimulant pour les étudiants. Cette approche est souvent utilisée avec de bons résultats, par exemple, lorsque les étudiants sont motivés pour apprendre à cause de la proximité d'un examen. Cependant, une motivation extrinsèque peut aussi tomber à côté du but de l'intérêt poursuivi, dans ce cas l'étudiant n'adopte pas une attitude convenable envers la matière elle-même. Si l'étudiant est encouragé à apprendre simplement pour obtenir une bonne note, alors, lorsque la promesse de bonnes notes n'existe plus, il peut cesser d'être intéressé par la matière.

2 *Dans cette approche de la prise de conscience du but, on peut utiliser, vis-à-vis de l'étudiant, toute sorte de récompenses extrinsèques, aussi bien le tableau d'honneur qu'un renvoi prématuré de l'école ou que des félicitations devant toute la classe. De telles récompenses ont-elles un effet à long terme ou à court terme?*

A. Long terme
B. Court terme.

Entourez la bonne lettre.

Bien entendu, ces récompenses ont un effet à court terme. Avec ce type d'approche, l'élève ne considère souvent la matière étudiée comme importante que parce qu'elle lui donne l'occasion d'obtenir des récompenses, et non parce qu'il en voit nécessairement l'intérêt de l'étude.

3 *Considérez cet exemple.*

Un professeur encourage ses élèves à "bien étudier" une nouvelle unité d'enseignement parce que ceux d'entre eux qui travaillent bien seront invités à participer à une sortie touristique. Est-ce un exemple d'encouragement à la prise de conscience du but par récompenses extrinsèques?

Entourez OUI ou NON.

Si vous avez répondu OUI, c'est correct. La participation à une sortie touristique est utilisée par le professeur comme récompense externe qui, tout en pouvant encourager certains élèves à étudier avec plus d'application, joue un rôle minime mais réel vis-à-vis de la matière étudiée. Une autre façon d'encourager le désir d'apprendre chez les élèves, est que le professeur leur dise que la discipline elle-même est importante.

La facilitation de la prise de conscience du but par exhortation.

Le professeur pourrait simplement inciter les élèves à apprendre la matière d'étude parce que c'est "bon pour eux". Ce n'est pas là une approche très recommandable car son succès peut dépendre d'une part, de ce que les étudiants pensent de leur professeur en tant que personne et, d'autre part, de la compétence du professeur. Pour avoir le désir d'apprendre, simplement parce que le professeur le leur a dit, les étudiants doivent l'admirer pour lui-même ou pour ses opinions. Puisque l'impression que les étudiants ont de leur professeur est une variable plutôt difficile à contrôler, il est préférable de rechercher d'autres manières de faciliter la prise de conscience du but. Mais, même en le faisant par la voie de l'exhortation, c'est certainement mieux que de ne rien faire du tout pour aider les étudiants à découvrir la valeur de la matière étudiée.

---

4 *Supposons qu'un professeur de lettres conseille à ses élèves d'étudier leurs règles de dissertation parce qu'ils seront soumis à un test de contrôle en fin de semaine. Dans cet exemple, le professeur a-t-il essayé de faciliter la prise de conscience du but par exhortation?*

Entourez OUI ou NON.

La réponse est NON. Il s'agit d'un exemple de facilitation de la prise de conscience par récompenses extrinsèques. Si le professeur avait procédé par exhortation, il aurait simplement encouragé ses élèves à étudier à cause de l' "importance" du sujet. Evidemment, le recours à de tels procédés ne peut influencer qu'une faible proportion de la classe.

La facilitation de la prise de conscience du but par déduction.

Une méthode qui a un mérite considérable, c'est celle qui permet de faciliter la prise de conscience du but par une approche déductive, c'est-à-dire que le professeur explique *pourquoi* et *en quoi* ils tireront profit de l'apprentissage de la matière. Le professeur essaye d'expliquer l'importance de la matière à étudier en fonction des besoins et intérêts particuliers des étudiants. Par exemple, un professeur pourrait montrer que le fait d'apprendre à rédiger des phrases correctes devrait aider les élèves à réaliser de nombreuses choses telles que rédiger des lettres, obtenir un travail, ou poursuivre des études.

Souvent, faciliter la prise de conscience du but par déduction suppose que le professeur fasse appel aux aspirations utilitaires des étudiants. Même s'il préfère encourager ses étudiants à apprendre pour le simple amour d'apprendre, une approche plus réaliste pour édifier un ensemble d'apprentissage productif consiste à montrer aux élèves de quelle façon la matière étudiée peut être utilisée dans l'immédiat et dans le futur.

☆★☆★☆★☆★☆★☆★☆★☆★☆★☆★☆★☆★☆★☆★☆★☆★☆★☆★☆★☆

5 *Un professeur de biologie commence une partie de son cours consacrée à la vie de la plante en déclarant à ses étudiants que le savoir qu'ils acquièrent dans sa classe leur sera d'une grande utilité quand ils jardineront, en particulier lorsqu'ils auront acheté leur propre maison. Ce professeur a-t-il essayé de faciliter la prise de conscience du but par déduction?*

Entourez OUI ou NON.

☆★☆★☆★☆★☆★☆★☆★☆★☆★☆★☆★☆★☆★☆★☆★☆★☆★☆★☆★☆

La bonne réponse est OUI, le professeur a utilisé une approche déductive.

Une autre manière de faciliter cette prise de conscience c'est de la faire par la méthode inductive.

La facilitation de la prise de conscience par induction.

Ici, l'enseignant donne des exemples ou pose un ensemble de questions structurées avec soin. En réfléchissant sur les exemples ou en répondant à de telles questions, il est probable que l'étudiant arrivera *par lui-même* à prendre conscience du but de l'instruction. Cette approche est particulièrement efficace avec certains élèves qui peuvent être sujets à s'engager d'autant plus personnellement dans l'étude d'une discipline qu'ils en découvrent eux-mêmes le but. Comme vous pouvez le supposer, faciliter la prise de conscience du but par induction requiert de la part du maître une très grande habileté.

6 *Examiner cet exemple.*

Un professeur de géographie, avant d'aborder une séquence consacrée à l'économie des pays en voie de développement, passe plusieurs minutes à rappeler aux étudiants les conséquences dramatiques récentes de la sécheresse prolongée au Sahel ainsi que celles du retard de la mousson en Inde. Il indique aussi que les pays du Tiers Monde, tout en devenant de plus en plus pauvres par rapport aux pays nantis, voient leur population augmenter de plus en plus vite. Cette situation, ajoute-t-il, pourrait très bien fournir les causes d'une troisième guerre mondiale dont les pays industrialisés seraient sans doute les premières victimes. Puis il enchaîne par d'autres phrases sur la séquence d'enseignement proprement dite. Est-ce que ce professeur a facilité la prise de conscience du but par induction?

Entourez OUI ou NON.

La réponse doit être OUI.

Dans les différents items suivants, il vous sera demandé de déterminer si le principe de facilitation de la prise de conscience du but est appliqué et, s'il l'est, quelle est celle des quatre méthodes utilisée. Lisez la situation décrite dans chaque item et entourez OUI ou NON sur votre feuille-réponse, selon que l'enseignant a appliqué ou non le principe.

7 *Est-ce que ce professeur facilite la prise de conscience du but?*

M. Marteau, instructeur d'atelier-automobile, passe un certain temps à expliquer la façon dont fonctionne un moteur. Il montre avec attention des photographies représentant un piston en action. Puis, M. Marteau continue son enseignement en demandant à ses élèves de changer les bougies des moteurs qui servent de modèles.

Entourez OUI ou NON.

Si vous avez répondu NON, vous avez bien fait. M. Marteau n'a pas facilité la prise de conscience du but, parce qu'à aucun moment il n'a indiqué à ses élèves *pourquoi* apprendre le fonctionnement du moteur est important pour eux.

8 *Dans cet item, est-ce que le professeur facilite la prise de conscience du but?*

Une monitrice d'économie domestique projette une séquence d'instruction sur la nutrition. Elle commence par expliquer l'importance de repas bien équilibrés pour se maintenir en forme. Elle montre aussi à ses élèves de dix ans comment, une nutrition appropriée peut avoir de bonnes répercussions sur la taille, les cheveux, le teint.

Entourez OUI ou NON.

La bonne réponse est OUI.

9 *Quelle* approche *a utilisée le professeur dont il est question à l'item 8 pour faciliter la prise de conscience du but? Choisissez la bonne réponse sur votre feuille-réponse en entourant la lettre correspondante.*

La bonne réponse est C. Le professeur facilite la prise de conscience du but en faisant appel, au sujet de la nutrition, aux préoccupations des élèves qui désirent être en bonne santé et se maintenir en bonne forme. C'est une illustration de la facilitation de la prise de conscience par déduction.

10 *Est-ce que ce professeur facilite la prise de conscience du but?*

Un professeur d'histoire désire que ses élèves sachent les causes de la Commune. Il introduit le sujet en leur demandant de réfléchir sur les différentes interprétations qu'en font encore, à l'heure actuelle, les partis politiques et comment on raconte la Commune compte tenu de ces positions. Dès que les étudiants font remarquer qu'il existe quelques similitudes entre les causes de la Commune et certains problèmes actuels, le professeur fait observer que c'est parfaitement juste et enchaîne sur la leçon.

Entourez OUI ou NON.

La bonne réponse est OUI.

11 *Quelle est la* méthode *de prise de conscience que le professeur a essayé d'utiliser dans l'item 10? Entourez la lettre correspondante.*

Il fallait choisir D comme bonne réponse. Le professeur d'histoire a encouragé ses étudiants à faire intervenir des problèmes passés dans la vie présente, et a montré comment ces problèmes sont encore en rapport avec la vie actuelle des citoyens. De cette manière, les étudiants peuvent se rendre compte qu'il est possible de mieux faire face aux problèmes d'aujourd'hui en comprenant ceux du passé. C'est la façon de faciliter la prise de conscience du but par induction.

12 *Dans cet item, est-ce que le professeur a facilité la prise de conscience du but?*

Mme Durand se propose d'enseigner à ses étudiants les poètes du début du XVIIIe siècle. Elle compile les données bibliographiques relatives à chaque poète et présente cela comme thème de discussion. Ensuite elle interroge soigneusement ses étudiants à propos de ces données.

Entourez OUI ou NON.

La bonne réponse est NON. A aucun moment, Mme Durand n'a facilité la prise de conscience du but. Elle n'a jamais donné l'occasion à ses étudiants de comprendre l'importance du sujet ou sa pertinence en fonction de leurs propres intérêts.

Maintenant que vous êtes quelque peu exercé à identifier l'utilisation de la prise de conscience du but, nous pouvons esquisser certaines règles qui vous aideront à utiliser ce principe de façon plus efficace. Premièrement, si vous voulez que votre manière de faciliter la prise de conscience influence la prédisposition de vos étudiants à apprendre, vous devez la présenter *au début* d'une séquence d'instruction. Si la facilitation est différée jusqu'en cours d'instruction ou à la fin de celle-ci, l'étudiant n'a pas pu s'apercevoir de la pertinence du sujet et répondre aussi bien qu'il l'aurait fait si le but de sa tâche lui avait été signifié au début. La prise de conscience du but doit, par conséquent, être facilitée dès le début d'une séquence d'instruction.

Faciliter la prise de conscience du but doit aussi se faire *fréquemment* pendant le cours. A certains passages particulièrement difficiles du cours, les étudiants peuvent perdre de vue le but si celui-ci n'a été présenté qu'au début, et ils ont besoin qu'on le leur rappelle. Si la pertinence du sujet par rapport aux besoins et intérêts des étudiants doit être rappelée aussi souvent que possible pendant le processus d'instruction, il n'en reste pas moins que c'est au professeur de juger de la fréquence de tels rappels, selon les besoins de ses étudiants.

Voici quelques exercices pratiques supplémentaires dans lesquels le professeur utilise le principe de la prise de conscience du but; il vous appartient de dire quelle est celle des méthodes employée.

-o- -o- -o- -o- -o- -o- -o- -o- -o- -o- -o- -o- -o- -o- -o- -o- -o- -o- -o- -o- -o- -o- -o-

13 *Dans cet exemple, est-ce que le professeur facilite la prise de conscience par récompenses extrinsèques, exhortation, déduction ou induction?*

Un professeur de biologie recommande à ses élèves de porter une attention toute particulière au nouveau chapitre sur la vie des animaux élémentaires, parce que c'est un des chapitres-clés de tout le programme.

Entourez la lettre correspondante.

-o- -o- -o- -o- -o- -o- -o- -o- -o- -o- -o- -o- -o- -o- -o- -o- -o- -o- -o- -o- -o- -o- -o-

Il fallait choisir la lettre B, car ce professeur *dit* surtout que c'est une "clé" ou un chapitre important *sans* expliquer *pourquoi* il est important. C'est un exemple de facilitation de la prise de conscience du but par exhortation.

14 *Quelle est l'approche utilisée dans cet exemple?*

Un professeur de mathématiques introduit un programme de mathématiques modernes en montrant à ses élèves que quatre problèmes de "vie pratique" peuvent être rapidement résolus grâce à de telles méthodes. Il leur dit ensuite que cette approche est en rapport étroit avec tous les problèmes de ce genre.

Entourez la lettre correspondante.

La bonne réponse est C, car il s'agit d'un exemple de facilitation par déduction. C'est-à-dire que le professeur annonce clairement aux étudiants pourquoi la matière étudiée a vraiment de l'importance.

☆ ★ ☆ ★ ☆ ★ ☆ ★ ☆ ★ ☆ ★ ☆ ★ ☆ ★ ☆ ★ ☆ ★ ☆ ★ ☆ ★ ☆ ★ ☆ ★ ☆ ★ ☆ ★ ☆ ★ ☆ ★ ☆

15 *Quelle est la méthode utilisée par cette enseignante?*

Mme Carbonnel, maîtresse de jardin d'enfants, promet à

ses élèves une très longue récréation s'ils se sont bien conduits pendant les exercices de pré-lecture.

Entourez la lettre correspondante.

Il fallait répondre A, car il s'agit d'un exemple de facilitation par utilisation de récompenses extrinsèques.

16 *Quelle est la méthode de facilitation employée par ce professeur?*

Un professeur de français demande à ses élèves de faire sérieusement leur travail personnel parce que celui-ci fera l'objet d'un contrôle final.

Entourez la lettre correspondante.

C'est A qui est bon. Il s'agit encore d'une illustration de facilitation de la prise de conscience du but par des récompenses extrinsèques, car l'annonce du contrôle final est indubitablement en relation avec les notes que les élèves obtiendront en classe.

17 *Quelle approche de prise de conscience du but utilise cet enseignant?*

Au début d'une séance consacrée à la dissertation, un professeur de lettres présente à ses élèves une série de devoirs de la classe de l'année précédente, d'abord des devoirs quelque peu maladroits, écrits en début de trimestre, puis les plus brillants, écrits en fin de trimestre.

Entourez la lettre correspondante.

La bonne réponse est D, car le professeur présente une information en rapport avec le sujet tout en permettant aux élèves de formuler leur propre opinion sur le but poursuivi. C'est un exemple de facilitation de la prise de conscience du but par induction.

Vous devriez maintenant être capable de faire la distinction entre les quatre méthodes de facilitation présentées dans ce programme. Ce système de catégorisation en quatre points est la seule façon d'aborder le problème de savoir comment un enseignant édifie un ensemble d'apprentissage profitable aux élèves. Quelle que soit celle des quatre méthodes utilisée, l'important est que les étudiants comprennent clairement *quel* est l'objectif de l'activité d'apprentissage. Car il est très difficile d'édifier un ensemble cohérent d'apprentissage relatif à un sujet si on le définit de façon tellement vague que l'étudiant ne sait pas ce que l'on attend de lui.

Vous êtes probablement en train de vous demander quelle est la meilleure des quatre méthodes, c'est-à-dire celle qui facilitera l'apprentissage le plus efficace. Il n'est pas facile de donner une réponse tranchée, car il n'existe pas de recherches apportant une preuve concluante à ce sujet. Cependant, ainsi qu'il l'a été suggéré au début du programme, il existe probablement quelques règles relevant du pur bon sens qui pourraient pousser l'enseignant à utiliser telle méthode plutôt que telle autre.

En premier lieu, chaque situation d'enseignement est suffisamment caractéristique pour justifier la position de l'enseignant vis-à-vis de celle des méthodes qu'il considérera comme la meilleure pour une classe donnée. Peut être qu'une classe très éveillée serait plus sensible à la méthode inductive qu'à la méthode déductive, alors qu'un groupe moins capable pourrait être embarrassé si l'enseignant essayait de faciliter la prise de conscience du but par induction.

L'exhortation est probablement la plus faible des quatre méthodes. Si elle était fréquemment employée, cette technique perdrait sans doute beaucoup, si ce n'est tout, de sa valeur, car les étudiants seraient tout à fait habitués à considérer que tout ce que dit l'enseignant est important. L'essentiel ici, c'est que, quelque soit la méthode, l'enseignant tâche, délibérément, de faciliter chez l'étudiant la compréhension de la valeur de la matière étudiée. Un enseignant attentif serait très heureux de découvrir quelle technique, *ou combinaison de techniques,* conviendrait le mieux pour la majorité de ses étudiants. On peut aussi faire remarquer que si un enseignant essaye de préconiser un but présentement *contraire* à l'intérêt de l'étudiant, cela le rend *moins* réceptif à la matière étudiée. Aussi devrait-on être très prudent dans la sélection des buts à promouvoir.

Vous allez maintenant avoir l'occasion de vous exercer à rédiger des exemples de différentes méthodes de facilitation de la prise de conscience du but.

-o- -o- -o- -o- -o- -o- -o- -o- -o- -o- -o- -o- -o- -o- -o- -o- -o- -o- -o- -o- -o- -o- -o-

18 *Pour cette classe et ce sujet, rédigez en quelques mots comment vous, enseignant, faciliteriez la prise de conscience du but par* récompenses extrinsèques.

Classe: *histoire en classe de 4e.*

Sujet: *les conséquences des grandes découvertes.*

Ecrivez votre réponse à l'endroit prévu.

-o- -o- -o- -o- -o- -o- -o- -o- -o- -o- -o- -o- -o- -o- -o- -o- -o- -o- -o- -o- -o- -o- -o-

Pour estimer si votre réponse est correcte, vous devez noter si vous avez promis aux élèves quelque récompense ou prix, qui n'était pas nécessairement lié au sujet étudié. Les exemples les plus connus de telles récompenses dans les premières années de scolarisation comprennent toute sorte de gratitude manifestée envers les élèves; plus tard, la perspective d'une bonne note ou celle d'en éviter une mauvaise est souvent utilisée comme récompense externe. Des réponses telles que les deux suivantes peuvent être acceptables:

A. "Etudiez ce sujet, vous pourrez ainsi obtenir une bonne note."
B. "Les quatre élèves qui réussiront le mieux dans l'étude de ce sujet seront gratifiés du tableau d'honneur."

Si votre réponse est du même genre, c'est bien.

---

19 *En maintenant, pour cette classe supérieure et ce nouveau sujet, dites en quelques mots comment vous feriez pour faciliter la prise de conscience du but par* exhortation.

Classe: *sciences sociales en classe de 3e.*

Sujet: *la distinction entre les pouvoirs Exécutif, Législatif et Judiciaire.*

Une réponse correcte à cet item devrait inclure la recommandation d'étudier ce sujet parce qu'il est important. Sans donner aucune raison, car cela en ferait une illustration impliquant une méthode inductive. Ces deux exemples peuvent être acceptables:

A. "Etudiez ce sujet, car c'est l'un des plus importants."
B. "C'est un sujet extrêmement important, aussi soyez particulièrement attentifs."

Si votre réponse ressemble à celles-là, c'est bien.

20 *Pour cette nouvelle situation, rédigez une brève description de ce que vous feriez pour faciliter la prise de conscience par* déduction.

Classe: *arithmétique au CE. 2*

Sujet: *multiplication et division simples.*

Ecrivez votre réponse à l'endroit prévu.

Avec cet exemple, l'instituteur peut montrer l'importance du sujet de multiples façons. En général, il est plus sage d'avoir recours à des motivations pré-existantes chez les élèves pour leur montrer la valeur d'un sujet. Par exemple, ces deux illustrations peuvent dépeindre la méthode déductive:

A. "Les garçons et les filles de votre âge sont confrontés à de nombreux problèmes concernant la façon de dépenser leur argent de poche. En apprenant à diviser et multiplier convenablement, vous pourrez dépenser votre argent à bon escient."
B. "Vous avez déjà dû rencontrer des problèmes quand il s'agissait de partager des choses avec vos amis; par exemple lors de certains jeux ou repas. Afin de le faire plus équitablement, cela vous sera utile de savoir diviser et multiplier."

Si votre réponse ressemble à quelque chose de ce genre, c'est-à-dire si vous *avez donné* à vos élèves une raison d'étudier le sujet, alors votre réponse est valable.

21 *Rédigez maintenant brièvement une facilitation de prise de conscience du but par induction, en tenant compte de la classe et du sujet suivants.*

Classe: *histoire en terminale.*

Sujet: *la politique étrangère américaine.*

Ecrivez votre réponse à l'endroit prévu.

Dans une telle situation pédagogique, de nombreuses possibilités s'offrent pour faire comprendre le but par induction. Bien sûr, le principe auquel il ne saurait être dérogé, c'est que l'étudiant se fasse sa *propre* idée de l'importance du sujet. Ainsi le professeur peut donner à la classe une idée directrice à partir de laquelle on peut tirer des conclusions, mais l'étudiant doit en induire lui-même le but. Les illustrations suivantes constitueraient des applications acceptables de cette méthode:

A. Le professeur décrit trois situations internationales récentes dans lesquelles la politique américaine a obtenu des résultats controversés. Il distribue des extraits de presse différents, les uns opposés, les autres favorables à la politique américaine dans ces cas précis.

B. Il dit: "Je désire que chacun d'entre vous imagine deux raisons pour lesquelles les gens doivent être au courant des grands traits de la politique étrangère des Etats Unis."

Il est bien évident que les quelques exemples donnés ici de l'application des quatre méthodes de facilitation de la prise de conscience du but ont été relativement simples et succincts. En disposant de plus de temps, l'enseignant peut aller plus loin dans le développement de procédures ingénieuses et efficaces pour un ensemble d'apprentissage.

En revoyant les points essentiels sur lesquels nous avons insisté dans ce programme, ce que l'on peut retenir, c'est qu'un étudiant apprendra d'autant mieux qu'il comprendra l'intérêt d'étudier la matière qui lui est enseignée. On vous a expliqué quatre méthodes pour la facilitation de la prise de conscience du but de l'apprentissage, et il vous a été donné l'occasion à la fois d'identifier ces quatre méthodes et de rédiger vos propres illustrations de chacune d'elles.

Nous conclurons ce programme par une illustration graphique de la valeur d'un apprentissage élaboré pour la maîtrise d'une tâche d'instruction par un étudiant.

22 *Vous avez pu remarquer que, d'un bout à l'autre de ce programme, nous avons utilisé un certain nombre de frises pour séparer les items. Ces frises sont au nombre de cinq, et elles ont toujours été présentées dans le même ordre. Ainsi, la série complète a été présentée cinq fois, et nous pensons qu'il vous a été possible de retenir l'ordre dans lequel les cinq frises ont été utilisées. En commençant par celle-ci* (▲▲▲▲▲▲▲▲▲▲▲), *voyez si vous pouvez dessiner sommairement, et dans le bon ordre, les quatre autres frises. Portez votre réponse à l'endroit prévu.*

La bonne réponse vous est présentée à la page suivante.

1. ▲▲▲▲▲▲▲▲▲▲▲▲▲▲▲▲▲▲▲▲▲▲▲▲▲▲▲▲▲▲▲▲▲▲
2. ●○●
3. -o- -o- -o- -o- -o- -o- -o- -o- -o- -o- -o- -o- -o-
4. ═══════════════════════════
5. ☆★☆★☆★☆★☆★☆★☆★☆★☆★☆★☆★☆★☆★☆★☆★

Vous avez remarqué qu'il est pratiquement impossible d'identifier l'ordre correct des frises. Pourquoi? Il est bien évident que cet ordre n'avait aucune importance pour vous, aussi vous ne vous êtes pas donné la peine de l'apprendre. Malheureusement, il en est de même pour beaucoup de matières enseignées dont les professeurs pensent qu'elles ont de l'importance dans l'esprit des étudiants alors qu'elles n'en ont pas plus pour eux que l'ordre des frises pour vous.

Un élève *apprendra* plus, et plus efficacement, si le professeur peut lui faciliter la prise de conscience du but qu'il y a derrière l'apprentissage.

EVALUER LES RESULTATS

Le premier objectif de ce programme est de produire un ensemble d'apprentissage tel, qu'à la fin, le lecteur sera capable d'interpréter l'évaluation par écrit ou oralement en se basant plus sur la qualité d'une séquence d'instruction éxécutée par l'étudiant que sur des critères traditionnels. Les objectifs plus spécifiques s'énoncent ainsi:

1. Le lecteur sera capable de désigner, d'une façon à la fois formelle et informelle, des procédures d'évaluation initiale dès qu'un objectif est énoncé.

2. Le lecteur sera capable de rédiger des items de test qui contrôlent les résultats d'un objectif donné.

3. A partir de données d'épreuves hypothétiques, le lecteur sera capable de tirer des conclusions valables.

Si vous demandez à un éducateur de décrire les phases les plus importantes de son travail, vous verrez que le terme "évaluation" sera certainement mentionné tôt ou tard dans sa réponse. Car, aussi bien les professeurs que les inspecteurs soutiennent qu'une évaluation appropriée et continue est nécessaire pour l'élaboration d'un programme d'études. Malheureusement, le concept d'évaluation est rarement défini, et différents éducateurs peuvent utiliser ce mot pour décrire clairement des processus distincts. Si vous demandiez "Qui est évalué?" ou "Sur quelles bases est faite l'évaluation?" les réponses que vous recevriez seraient certainement variées. Cependant, la majorité des enseignants, le plus souvent, parle d'évaluation en ce qui concerne la performance d'une classe particulière à des épreuves d'un certain genre. Si vous vouliez continuer votre enquête et que vous demandiez quel est le but de telles évaluations dans la plupart des cas les enseignants mentionneraient les notes et les carnets scolaires. Ils veulent utiliser le test de performance dans le but de prendre des décisions concernant certains étudiants; ainsi, des étudiants qui échoueraient à un test de grammaire se verraient attribuer de mauvaises notes, et ceux qui répondraient correctement à toutes les questions auraient de bonnes notes.

Les évaluations devraient porter sur quelque chose de plus que la façon dont les étudiants réussissent à un test particulier dans une classe donnée. Evidemment, pour les éducateurs c'est un but légitime, même s'il est quelque peu éloigné, que d'améliorer leurs efforts éducatifs dans la mesure où les écoles fourniront un bon métier aux étudiants qui se préparent à la vie adulte. Afin de déterminer quelles sont les améliorations à apporter dans nos classes, nous devons découvrir ce que nous faisons de bien pour le moment. Nous devons nous demander comment nous pouvons déceler si nos professeurs sont, effectivement en train de faire un bon travail d'enseignement.

Il existe plusieurs manières d'évaluer l'enseignement donné par un professeur. L'une d'elles pourrait être de consulter les chefs d'établissements et leur demander quelles opinions ils ont de leurs professeurs. Encore que les standards appliqués par les directeurs et inspecteurs peuvent ne pas être identiques; vous pouvez remarquer que l'utilisation de tels classements administratifs rend difficile la comparaison entre deux professeurs d'établissements différents. Une autre manière d'évaluer l'enseignement pourrait être de demander aux étudiants de porter un jugement sur leurs professeurs. Dans ce cas, on peut imaginer que les classements fournis par les étudiants sont capables d'être influencés par des facteurs tels que la sévérité du professeur ou la note qu'un étudiant espère obtenir.

Mais il est une façon d'évaluer un enseignant tout à fait indépendante des caractéristiques *personnelles* de celui-ci et largement dégagée des jugements subjectifs de ses supérieurs. Cette méthode consiste à juger le professeur sur la base des résultats de ses étudiants, car le seul but légitime qu'un professeur poursuit dans sa classe, c'est de modifier le comportement de ses élèves. Alors, pourquoi ne pas utiliser les changements du comportement de l'élève comme indicateurs de l'efficacité du professeur?

En utilisant cette méthode, cela implique cinq opérations majeures:

1. Etablir des buts spécifiques.
2. Elaborer des instruments de mesure.
3. Pré-évaluer les étudiants.
4. Exécuter un plan d'instruction.
5. Mesurer et interpréter les résultats de l'étudiant.

Le premier point requiert de l'enseignant l'établissement de buts spécifiques pour ses étudiants. Le second, la mise au point d'un système de mesure en relation avec ces buts. Le troisième, une évaluation initiale des étudiants afin de découvrir ce qu'ils savent déjà. Dans le quatrième point, l'enseignant doit imaginer et exécuter une action pédagogique destinée à faciliter la réalisation des buts. Et, dans le cinquième, après enseignement, l'enseignant doit mesurer la performance de l'étudiant *et* interpréter sa signification.

Un premier accent, dans le processus de l'évaluation, doit être mis sur la définition des objectifs pédagogiques(1). Si les buts sont spécifiques et énoncés de façon opérationnelle en

---

(1) Nous renvoyons ici le lecteur, pour plus amples informations. à l'excellent ouvrage de MAGER *Comment définir des objectifs pédagogiques,* publié aux éditions Bordas Gauthier-Villars. (N.D.T.)

termes de comportement observable de l'étudiant, décider d'un instrument de mesure approprié sera une tâche relativement facile. Par exemple, pour l'objectif "les étudiants seront capables de rédiger des devoirs sans fautes d'orthographe", il est clair que la performance de l'étudiant doit être mesurée en examinant de près ses devoirs pour découvrir des fautes d'orthographe.

---

1 *Etudiez cet objectif et dites quelle sorte d'évaluation serait la plus appropriée.*

Les élèves seront capables de résoudre des problèmes simples d'addition.

Ecrivez votre réponse à l'endroit prévu sur la feuille- réponse.

Puisque l'objectif est clairement énoncé, l'élaboration de l'instrument d'évaluation consiste simplement à choisir les problèmes particuliers d'addition que les élèves ont à résoudre pour le test. Il est évident que le comportement sur lequel l'élève doit être évalué est son habileté à additionner, puisque ceci était stipulé par l'objectif.

---

2 *Comment mesureriez-vous la réalisation de cet objectif?*

En éducation physique, l'élève sera capable de tirer des paniers de basket-ball. à partir de la ligne de coup franc, avec 70 % de réussite.

Ecrivez votre réponse à l'endroit prévu.

Pour cet objectif, le seul test approprié serait d'obliger l'élève à tirer des paniers tout en enregistrant sa réussite d'une manière ou d'une autre. C'est un des nombreux exemples de tests de performance dans lequel un papier et un crayon comme instruments de mesure seraient peu satisfaisants. D'autres exemples de tests de performance comportent la fabrication d'un gâteau dans une classe d'enseignement ménager, l'emploi de techniques purement verbales dans un cours de déclamation, dans la récitation d'un poème ou la frappe à la machine, sous la dictée, dans un temps limité.

---

3 *Quelle procédure d'évaluation serait appropriée à cet objectif?*

L'étudiant devra identifier, par écrit, cinq éléments littéraires d'un sonnet donné.

Ecrivez votre réponse à l'endroit prévu.

Vous pouvez remarquer que, parce que l'objectif est énoncé d'une manière plus générale, vous avez un plus grand choix dans la sélection d'un instrument de mesure de la performance de l'étudiant. Ni le sonnet particulier qui doit être utilisé, ni les cinq éléments littéraires qui doivent être identifiés n'ont été mentionnés dans l'objectif. Cependant, il semble que l'on donne aux étudiants une chance d'identifier au moins cinq éléments littéraires de n'importe quel genre et dans n'importe quel type de sonnet. Ainsi, même quand les buts renferment ces petits points de précision, l'instrument de mesure est clairement impliqué.

Après avoir spécifié des objectifs et les avoir clairement énoncés, l'étape suivante du travail de l'enseignant est de produire un ou des tests qui mesurent la réalisation de ces objectifs. On dépense habituellement beaucoup de son énergie dans l'élaboration des instruments de mesure ou du test. Le mot "test" doit être ici défini d'une façon très large, par exemple un test peut être n'importe quelle situation dans laquelle un comportement d'étudiant est observable – et pas seulement un examen avec papier et crayon.

4 *Par exemple, parmi les activités suivantes, quelle est celle qui peut être utilisée comme* test *de mesure d'un changement de comportement d'un élève?*

Les élèves:

A. répondent à un test d'items à choix multiple.
B. s'expriment avec politesse dans une discussion en classe.
C. participent volontairement à des activités extra-scolaires.

Entourez la ou les lettres correspondantes.

Vous auriez pu les entourer toutes les trois, car chaque activité peut être convenablement utilisée comme mesure de changement de comportement d'un élève. A part le fait que l'évaluation doit correspondre aux objectifs particuliers à mesurer, certains autres problèmes surgissent dans la construction d'un test. Il peut exister une certaine difficulté dans la sélection des items eux-mêmes. Par exemple, dans l'appréciation de la capacité des étudiants à expliquer un poème, que pourriez-vous espérer d'eux si vous leur soumettez un poème écrit dans un style tout à fait hermétique? Sans aucun doute, vous auriez des résultats totalement différents si vous aviez choisi un poème écrit d'une manière plus conventionnelle. Il est beaucoup plus probable que certains de vos étudiants auraient convenablement analysé d'autres poèmes moins difficiles ou éloignés de leurs expériences. La médiocrité des résultats du test, dans ce cas, peut signifier que vous avez choisi un poème qui ne permettait pas à vos étudiants de montrer ce qu'ils avaient étudié. Il s'agit d'un problème de sélection d'items.

Supposons que le poème choisi fut extrêmement long et de type narratif. Dans ce cas vos étudiants auraient passé la plus grande partie de leur temps à lire le poème lui-même et n'auraient guère eu le loisir de l'analyser convenablement dans les trente minutes qui leur étaient imparties. Vous devez être sûr que votre test mesure bien ce que vous désirez mesurer – dans ce cas précis, l'analyse littéraire et la rapidité de lecture.

On peut anticiper, voire éviter, cette difficulté dans la sélection des items. Une solution consisterait à inclure dans le test plusieurs types de poèmes que vos étudiants pourraient analyser de différentes manières, selon les exemples. Si le temps vous restreint à ne proposer qu'un seul poème à analyser, avec le même objectif, tâchez d'être sûr que le poème que vous choisissez pour le test soit vraiment représentatif des types de poèmes que vos étudiants rencontreront plus tard.

---

5 *Si vous aviez une classe de chimie, que choisiriez-vous de donner à résoudre à vos étudiants, deux longues équations ou une série de vingt, mais plus courtes?*

A. Deux équations.
B. Vingt équations.

Est-ce A ou B qui donnerait plus vraisemblablement à vos étudiants une assez bonne ouverture?

Entourez la lettre correspondante.

D'une manière générale, B est le meilleur choix, c'est-à-dire que plus vous donnez de problèmes à vos étudiants, mieux ils peuvent démontrer qu'ils sont capables de résoudre des équations sans encourir le risque que les deux équations particulières ne représentent pas la mesure de leurs capacités. De la même façon, la représentativité est importante lorsque vous utilisez la performance plutôt que les tests avec papier et crayon.

---

6 *Des deux solutions proposées, quelle est celle qui est la mesure la plus représentative de l'objectif suivant?*

Objectif: *l'élève sera capable de préparer un dessert.*

A. L'élève préparera un gâteau d'anniversaire.
B. L'élève préparera une tarte au citron, un gâteau au chocolat et une banane flambée.

Entourez la lettre correspondante.

La bonne réponse est B.

---

7 *D'une façon générale, comment alors recommanderiez-vous qu'un test soit construit?*

Un test devrait avoir:

A. Peu d'items.
B. Beaucoup d'items.

Entourez la lettre correspondante.

C'est B qui est correct. Prévoir beaucoup d'items représentatifs, comportant beaucoup de questions ou problèmes, est plus avantageux que ceux qui n'en comportent que quelques-uns.

Il est important de bien comprendre que l'actuelle sélection d'items, que ce soit pour l'analyse d'un poème comme dans notre exemple, ou pour des items conventionnels à choix multiple, est quelque peu arbitraire et dépend des prédispositions individuelles de chaque enseignant. Cependant, afin de parvenir à une mesure représentative des compétences de vos étudiants eu égard à vos objectifs pédagogiques, les items de test que vous choisissez doivent être aussi représentatifs que possible.

De cette façon, vous pourrez éviter de sérieuses erreurs dans la construction du test.

8 *Par exemple, en quoi ce sujet de devoir est-il mauvais?*

"Discuter de la vie".

Ecrivez votre réponse à l'endroit prévu.

Bien entendu, la question est beaucoup trop vaste.

Vous pouvez aussi, inconsciemment, construire un test de telle manière que la réponse apparaisse certaine, comme dans cet exemple:

La Sicile est une:

A. île
B. promontoire

Ici, le mot "une" donne la réponse exacte par la voie grammaticale. Aucune généralisation simple ne peut être énoncée pour vous aider à traiter habilement de tous les problèmes de construction de test. Mais si vous pouvez éliminer certaines imperfections grossières, telles que des sujets de devoirs trop vagues ou des questions à choix multiple qui fournissent des indications involontaires sur la bonne réponse, vous aurez davantage l'assurance que votre test est adéquat.

Maintenant, supposons que vous ayez énoncé des objectifs clairs et que vous ayez suffisamment confiance en l'adéquation de vos techniques d'évaluation. Avant toute action pédagogique, les étudiants doivent subir une évaluation initiale en rapport avec les objectifs que vous avez prévu d'enseigner. L'évaluation initiale signifie simplement que vous désirez savoir ce que les étudiants connaissent *déjà* à propos de vos objectifs. Un tel contrôle initial constitue une garantie qui doit permettre à l'enseignant de rendre son travail plus efficace. Le résultat d'une évaluation initiale permet à l'enseignant de découvrir si ses étudiants maîtrisent les compétences qu'il a décidé de leur enseigner, ou encore de trouver s'il leur manque certains prérequis qu'ils étaient supposés posséder. Toute information de ce genre est extrêmement utile au professeur pour planifier son enseignement, car, selon le résultat, il peut décider de rendre ses objectifs plus difficiles ou plus faciles. Le plus important pour le processus d'évaluation, c'est que l'évaluation initiale permet au professeur de faire un exposé rigoureux concernant les niveaux de comportement des étudiants avant son action pédagogique, et l'autorise à faire en sorte que le comportement qui suit change directement sous les effets de son enseignement.

Puisque l'évaluation initiale est si décisive pour l'évaluation des résultats de l'enseignement, comment peut-on s'y prendre? Une bonne évaluation initiale dérive directement de l'énoncé des objectifs. Si votre objectif était:

Objectif: l'élève sera capable de compter jusqu'à vingt,

un contrôle initial raisonnable pourrait consister à faire compter vos élèves jusqu'à vingt. Et maintenant, considérez l'objectif suivant:

Objectif: l'élève sera capable de réduire des fractions.

Un bon contrôle initial devrait inclure quelques problèmes à l'aide desquels les élèves prouveraient leur habileté à réduire des fractions.

Il apparaît clairement que le contrôle initial peut porter sur les mêmes types de comportement que ceux du contrôle final, ou même sur certaines des mêmes questions que vous prévoyez d'utiliser. Il paraît cependant plus probable que vous ne souhaitiez pas élaborer un contrôle initial qui soit aussi long ou qui comprenne autant d'items qu'un contrôle final, puisque les enseignants expérimentés veulent savoir à quels niveaux généraux de comportement ils peuvent espérer conduire leurs élèves et utilisent le contrôle initial comme moyen de vérification de leurs hypothèses.

---

9 *Pour l'objectif suivant, décrivez brièvement le type de contrôle initial que vous utiliseriez.*

L'élève sera capable d'épeler correctement une liste de cinquante mots difficiles.

Ecrivez votre réponse à l'endroit prévu.

Votre contrôle initial devrait donner l'occasion aux élèves d'épeler au moins quelques-uns des mots, peut-être un échantillon d'une dizaine pris au hasard. Bien sûr, vous pourriez leur donner les cinquante mots à épeler, cela dépend de vos limites de temps.

---

10 *Quel genre de contrôle initial donneriez-vous pour ce nouvel objectif?*

L'élève sera capable de lancer le poids de trois kilos à dix mètres.

Ecrivez votre réponse à l'endroit prévu.

Vous avez certainement inclus, dans vos procédés de contrôle initial, le moyen de savoir jusqu'à quelle distance vos élèves pouvaient lancer le poids juste à ce moment.

Jusque-là nous avons discuté de l'évaluation initiale d'une manière très formelle. Chaque objectif est soumis à un contrôle initial selon des items similaires à ceux du contrôle final. Dans certains cas, une telle procédure n'est ni nécessaire, ni même perspicace. Par exemple, si vous enseigniez l'anglais à des débutants, il serait grotesque de soumettre vos étudiants à un contrôle initial aussi important que celui que vous donneriez une fois tous vos objectifs traités, car vous devez bien savoir que la plupart d'entre eux n'ont jamais rencontré cette langue auparavant. Dans un tel cas, un contrôle initial informel pourrait consister à demander à vos étudiants combien d'entre eux sont allés en Angleterre, ont déjà entendu parler anglais à la maison, ou peuvent parler anglais. Un tel contrôle initial est naturellement très bref, mais lorsque les probabilités sont telles que très peu d'étudiants sont capables de réaliser vos objectifs, c'est la marche la plus raisonnable à suivre. Utilisez des techniques informelles de contrôle initial, au moins au départ. Considérez l'objectif suivant.

> Les étudiants seront capables de rédiger un texte de 500 mots décrivant les trois thèses principales de la théorie darwinienne.

Avec un tel objectif, le professeur pourrait engager ses étudiants dans une discussion sur la théorie de Darwin, dès le premier jour de classe; et, en se basant sur cette discussion, déterminer leur connaissance du sujet. Une telle procédure serait beaucoup plus efficace que de demander aux étudiants de rédiger un devoir de 500 mots sur un sujet qu'ils n'ont jamais abordé.

---

11 *Décrivez brièvement une technique informelle d'évaluation initiale que vous pourriez utiliser pour l'objectif suivant.*

L'étudiant sera capable d'expliquer le rapport existant entre les impôts et l'inflation.

Ecrivez votre réponse à l'endroit prévu.

A un certain moment de votre évaluation initiale vous auriez dû chercher à savoir ce que vos étudiants connaissent du sujet. La manière la plus efficace de le faire serait probablement d'organiser une petite discussion en classe. Des deux procédés d'évaluation initiale, le contrôle formel peut être considéré comme étant plus approfondi que l'informel, puisqu'une information plus concrète est fournie par les techniques formelles. Mais, que ce soit sous l'unc ou l'autre forme, l'évaluation initiale fait partie intégrante du processus d'évaluation.

Après l'évaluation initiale, le professeur essayera de rendre effectif le plan d'action pédagogique destiné à réaliser ses objectifs. Supposons qu'après enseignement vous appliquiez un test et obteniez certains résultats. Que devriez-vous faire après avoir corrigé les feuilles du test? A quoi peut vous servir le test de performance? C'est la dernière étape du processus d'évaluation: l'interprétation des résultats.

Comme tout enseignant, l'une de vos premières idées, et vous avez raison, sera d'essayer de noter les feuilles. Encore que les problèmes de notation soient importants, et les décisions concernant les standards absolus ou relatifs parfois difficiles à prendre, donner leurs notes aux étudiants n'est qu'une partie du processus d'évaluation. Comment un professeur peut-il utiliser les données d'un test pour s'évaluer lui-même aussi bien que ses étudiants? Dans quelle mesure les résultats du test reflètent sa propre compétence à enseigner?

Les notes que vos étudiants obtiennent à un examen particulier indiquent jusqu'à quel point ils ont maîtrisé vos objectifs. Leur degré de maîtrise, en retour, dépend de la façon dont *vous* avez organisé et mis en oeuvre votre enseignement. Peu de professeurs admettent que les résultats de leurs étudiants soient un indicateur direct de leurs compétences d'enseignants. Au lieu de cela, ils considèrent les résultats comme indicateurs des aptitudes ou des efforts des élèves. Par conséquent, lorsque les résultats sont faibles, le professeur peut blâmer les élèves pour leur manque d'intérêt ou d'intelligence alors que dans certains cas c'est vraiment de la faute du professeur si les étudiants réussissent mal. Bien sûr il existe diverses explications pour les faibles performances réalisées aux tests. La faute peut être due ainsi au niveau de difficulté des objectifs. Ou bien le professeur peut tout simplement avoir visé un niveau de comportement trop élevé pour ses étudiants.

---

12 *Supposons que vous ayez une classe de première en histoire, classe dans laquelle les étudiants obtiennent une note moyenne de 50 sur 125 au premier contrôle. Après enquête, vous vous apercevez que le programme de la classe précédente a été très mal traité et inachevé. Quel serait le meilleur moyen d'action pour la fois suivante?*

A. Faire un contrôle initial et ajuster vos objectifs.
B. Ajouter des items au test.

Entourez la lettre correspondante.

A est le bon choix. Procéder à un contrôle initial et ajuster vos objectifs à partir de la performance des étudiants est la meilleure solution.

---

13 *Supposons que vous donniez à vos élèves de première, en espagnol, un contrôle de mi-trimestre et que vous trouviez toutes les notes à 90 et plus sur 100. Quelle serait votre interprétation?*

A. Votre enseignement a été efficace.
B. Vous auriez dû faire un contrôle initial afin de vérifier si vos objectifs ne sont pas trop simples.

Entourez la lettre correspondante.

Le choix B est plus approprié. Les étudiants peuvent en effet avoir déjà acquis le comportement souhaité dans une classe précédente.

---

14 *Supposons que, dans votre classe de 4e en français, vous obteniez de très faibles résultats à votre contrôle de mi-trimestre. Grâce au contrôle initial, vous vous êtes rendu compte que l'acquis des élèves était satisfaisant. Vous avez fourni des items appropriés. Comment devez-vous interpréter ces résultats?*

A. L'enseignement peut avoir été défectueux.
B. Les élèves n'ont pas le niveau nécessaire pour maîtriser la matière.

Entourez la lettre correspondante.

L'alternative A, c'est-à-dire que votre enseignement a été défectueux, est la meilleure interprétation, même si ce n'est pas la plus agréable. En certains cas, un rappel attentif et un réexamen de votre enseignement peut vous aider à découvrir les points de votre activité que vous avez besoin de réajuster. Ainsi, lorsque vous recommencerez ce même cours, vous pourrez, avec confiance, introduire de nouveaux procédés améliorés dans votre enseignement. D'une façon plus claire, l'enseignant se donne l'occasion de se perfectionner, s'il admet que les résultats des étudiants reflètent sa propre compétence à enseigner.

Le tableau n'est pas toujours aussi sombre. Que dire, lorsque vous testez vos étudiants et que vous découvrez que la plupart réussissent très bien? Que concluez-vous de cela? Vous félicitez-vous immédiatement d'être un professeur expérimenté?

---

15 *Que dire quand, votre classe de biologie étant composée d'élèves moyens, vous êtes comblé par leur haute performance au contrôle trimestriel; la bonne moyenne est de 95 sur 100.*

Comment pouvez-vous être sûr que c'est votre enseignement qui a opéré cette différence?

Ecrivez votre réponse à l'endroit prévu.

Si, dans votre réponse, vous avez suggéré que vous ne tiendriez compte *que de* la performance des étudiants, du fait que vous les aviez soumis à un contrôle initial avant instruction, alors votre réponse est correcte. Car vous pouvez constater qu'il est vraiment possible que les étudiants aient déjà maîtrisé vos objectifs avant la fin de votre cours.

Lorsque vous avez contrôlé vos étudiants au départ et découvert qu'ils ne maîtrisent pas le comportement requis par les objectifs, et qu'*après* votre enseignement, en les testant à nouveau, vous découvrez qu'ils maîtrisent *maintenant* ce que vous souhaitiez, alors, et seulement dans ce cas, vous pouvez vous considérer comme un bon professeur. Quand votre classe a bien réussi et réalisé vos objectifs, vous pouvez vous détendre et continuer à enseigner de la même façon, puisque vos méthodes ont été couronnées de succès. Une autre alternative, et qui peut contribuer à vous améliorer encore, suppose que vous réexaminiez la qualité de vos objectifs originaux. Peut-être pourriez-vous rendre certains d'entre eux encore plus stimulants. Mais peut-être désirez-vous quelque chose de mieux de vos étudiants; vous pouvez alors introduire des thèmes plus difficiles. Si vous avez examiné ces possibilités et introduit dans votre enseignement, en plus des précédents, ces objectifs nouveaux, vous serez de fait en droit de dire que vous avez utilisé correctement la performance de l'étudiant dans le processus d'évaluation.

Pour vous donner un exemple correct de l'application des remarques ci-dessus analysées, voici une information concernant certains aspects de la performance de votre classe. Vous devez interpréter les résultats des tests.

---

16 *Si votre classe atteignait ce niveau, que pourriez-vous conclure?*

La moyenne des bonnes réponses est de 23 sur 80; le contrôle initial a prouvé que les prérequis ont été maîtrisés.

Ecrivez votre réponse à l'endroit prévu.

Si, effectivement, les prérequis ont été maîtrisés, il y a deux explications essentielles. Ou bien les items du test que vous avez sélectionnés n'étaient pas eux-mêmes représentatifs du niveau actuel de la classe, tel le cas déjà vu du poème au style hermétique; ou bien, c'est que votre enseignement et les activités que vous avez programmés pour votre classe ne permettaient pas aux étudiants de réaliser l'objectif.

17 *Que tend à prouver la situation suivante?*

Après un enseignement adéquat, aucun de vos élèves en éducation physique n'arrive à renvoyer un ballon de football d'un coup de pied de volée.

A. Les élèves ne font pas du mieux qu'ils peuvent.
B. Ils ne maîtrisent pas les compétences prérequises.

Entourez la lettre correspondante.

L'alternative B est la meilleure.

La question qui revient ici concerne l'acquis nécessaire des élèves. Si cette tâche était proposée à de jeunes enfants ne possédant pas la coordination de mouvements nécessaire pour une telle compétence, alors, la cause de la faible performance aurait été anticipée par l'évaluation initiale. Une autre hypothèse expliquant cette faible performance serait une instruction inappropriée.

Grâce à ce programme, vous pouvez constater que l'évaluation est beaucoup plus que le simple fait d'administrer des tests ou de donner des notes aux étudiants. La construction de tests, la sélection d'items et le contrôle initial sont des éléments importants du processus. Aussi important pour l'évaluation est l'énoncé explicite et le mesurage des objectifs pédagogiques. Lorsque les objectifs sont préalablement énoncés avec précision et que leur mesurage est effectué tant avant qu'après l'instruction, on peut déterminer l'efficacité de l'enseignement. Le signe concret de changement de comportement de l'étudiant permet l'évaluation de l'enseignement afin qu'il devienne une entreprise rigoureuse. Une évaluation rationnelle est une condition nécessaire pour le perfectionnement de votre enseignement.

FEUILLES-REPONSES

Programme "Dispenser des exercices appropriés"

1. A B
2. A B C
3. A B C
4. A B
5. OUI NON
6. OUI NON
7. OUI NON
8. OUI NON
9. OUI NON
10. (Equivalence/Analogie)
A ____________________
B ____________________
11. (Equivalence/Analogie)
A ____________________
B ____________________
12. (Equivalence/Intermédiaire)
A ____________________
B ____________________
13. (Equivalence/Intermédiaire)
A ____________________
B ____________________
14. (Equivalence/Analogie/Intermédiaire)
A ____________________
B ____________________
C ____________________
15. (Equivalence/Analogie/Intermédiaire/Non conforme)
A ____________________
B ____________________
C ____________________
D ____________________
16. ____________________
____
____
____
17. ____________________
____
____
____
____
18. ____________________
____
____
____
____
19. Equivalence:
____
____
____
____
____

Analogie:
____
____
____
____
____

Programme "Communiquer les résultats de l'apprentissage"

1. A B
2. OUI NON
3. OUI NON
4. OUI NON
5. A B C D
6. A B C D
7. OUI NON
8. OUI NON
9. OUI NON
10. OUI NON
11. OUI NON
12. OUI NON
13. OUI NON
14. OUI NON
15. OUI NON
16. OUI NON

Programme "Analyser et ordonner les comportements d'apprentissage"

1. OUI NON
2. OUI NON
3. A ______________________________
   B ______________________________
   C ______________________________
4. Intermédiaire: ______________________________
5. Intermédiaire: ______________________________
6. Intermédiaire: ______________________________
   Initial: ______________________________
7. Intermédiaire: ______________________________
   Intermédiaire: ______________________________
   Initial: ______________________________
8. Intermédiaire: ______________________________
   Intermédiaire: ______________________________
   Initial: ______________________________
9. Intermédiaire: ______________________________
   Intermédiaire: ______________________________
10. Objectif: ______________________________
    Initial: ______________________________
    Premier intermédiaire: ______________________________
    Second intermédiaire: ______________________________
    Troisième intermédiaire: ______________________________

Programme "Faire prendre conscience du but"

1. OUI NON
2. A B
3. OUI NON
4. OUI NON
5. OUI NON
6. OUI NON
7. OUI NON
8. OUI NON
9. A. Extrinsèque
   B. Exhortation
   C. Déduction
   D. Induction
10. OUI NON
11. A. Extrinsèuqe
    B. Exhortation
    C. Déduction
    D. Induction
12. OUI NON
13. A. Extrinsèque
    B. Exhortation
    C. Déduction
    D. Induction
14. A. Extrinsèque
    B. Exhortation
    C. Déduction
    D. Induction
15. A. Extrinsèque
    B. Exhortation
    C. Déduction
    D. Induction
16. A. Extrinsèque
    B. Exhortation
    C. Déduction
    D. Induction
17. A. Extrinsèque
    B. Exhortation
    C. Déduction
    D. Induction
18. ______________________________
    ____
    ____
    ____
19. ______________________________
    ____
    ____
    ____
20. ______________________________
    ____
    ____
    ____
21. ______________________________
    ____
    ____
    ____
22. ______________________________
    ____
    ____

Programme "Evaluer les résultats"

1. ______________________________
____

2. ______________________________
____

3. ______________________________
____

4. A B C D

5. A B

6. A B

7. A B

8. ______________________________
____

9. ______________________________
____

10. ______________________________
____

11. ______________________________
____

12. A B

13. A B

14. A B

15. ______________________________
____

16. ______________________________
____

17. A B

TESTS DE MAITRISE

Test de maîtrise: exercices appropriés

Nom: ____________________

Test d'identification

Lisez les objectifs. Les objectifs suivants représentent certaines propositions d'activités pour les étudiants. Sélectionnez le critère qui décrit le mieux chaque activité. Placez la bonne lettre à l'endroit prévu devant chaque item.

A. Objectif non conforme.
B. Exercice d'équivalence.
C. Exercice d'analogie.
D. Comportement intermédiaire.

Objectif: les étudiants seront capables de monter un poste de radio à transistor de telle manière qu'il fonctionne.

Activités

1. Les étudiants participeront à une discussion en classe sur les mérites des appareils à transistor.
2. Les étudiants décriront et établiront la liste des pièces composant un poste de radio.
3. Les étudiants effectueront le montage d'un poste de radio à transistor de telle manière qu'il marche.
4. Les étudiants décriront par écrit la marche à suivre pour monter un poste de radio.
5. Les étudiants donneront, oralement, la liste des opérations, étape par étape, qu'ils effectueront pour monter un poste de radio.

Objectif: les étudiants rédigeront une explication du mythe des soucoupes volantes.

Activités

6. Les étudiants rassembleront, en classe, au cours d'une discussion, des petites histoires tendant à expliquer le problème des soucoupes volantes.
7. Les étudiants liront et discuteront les récits de la mythologie grecque expliquant la naissance de Zeus.
8. Les étudiants essayeront de réfuter, par écrit, les témoignages de deux ou plusieurs citoyens qui prétendent avoir vu des soucoupes volantes.
9. Les étudiants écriront une histoire offrant une explication sur les soucoupes volantes.
10. Les étudiants rédigeront un court devoir décrivant différentes explications sur l'origine des soucoupes volantes, devoir qui devrait convenir pour une histoire ultérieure.

Test écrit

1. Rédigez un exemple d'exercice d'équivalence.

   L'objectif d'un cours d'art dramatique en classe de première, est de présenter une courte pièce improvisée, d'au moins dix minutes, et contenant au moins cinq des huit principes dramatiques étudiés en classe. La classe sera divisée en cinq groupes.

2. Rédigez un exemple d'exercice d'analogie.

   Objectif: Etant donné des principes décrivant les rapports qui doivent exister entre l'homme et l'Etat, l'étudiant devra identifier oralement le philosophe auteur de chaque principe.

3. Rédigez un exemple de comportement intermédiaire.

   Objectif: Les étudiants doivent être capables de traduire oralement au moins quatre pages de la version originale russe de *Guerre et Paix*.

Test de maîtrise: communication des résultats

Nom: ________________

Lisez les descriptions d'activités d'enseignants présentées ci-dessous. Déterminez si l'enseignant pratique la communication des résultats et notez votre réponse en écrivant OUI ou NON à l'endroit prévu devant chaque item.

_______ 1. Mme Best, professeur d'anglais, croit qu'il est important pour ses étudiants de développer leur compétence à s'exprimer oralement en anglais. Pendant tout son cours, elle insiste sur la prononciation. A chaque fois que ses étudiants s'expriment en classe, elle corrige soigneusement tous les mots mal prononcés. Lorsqu'ils ne se trompent pas, elle commente rarement.

_______ 2. Dans sa classe d'orchestre, un professeur de musique fait interpréter par ses étudiants un certain morceau qu'il enregistre au magnétophone. Dès la fin du morceau, il repasse la bande et désigne les passages qui ont besoin d'une amélioration, il donne aussi quelques suggestions sur la façon dont certains membres du groupe pourraient améliorer leurs performances.

_______ 3. M. Beuve, professeur de journalisme, donne à ses étudiants, comme exercice pratique, la rédaction d'un article original. Il présente certains faits au tableau noir et donne des instructions à la classe pour écrire un article en relation avec ces faits pour la première page d'un journal. Lorsque les étudiants ont terminé leur exercice, il ramasse les feuilles pour les noter par la suite, mais il leur dit ce qu'il pense qu'il était nécessaire d'inclure dans le titre, l'introduction et le corps de l'article.

_______ 4. Un professeur de chimie dans un lycée donne souvent des exercices pendant la première partie de son cours. Les élèves rendent leurs feuilles à la fin, en sachant très bien que le professeur les corrigera pendant une heure de permanence et les tiendra à leur disposition à la fin de la journée. A ce moment-là, la plupart des étudiants s'arrêtent à son bureau pour y retirer leurs copies notées.

_______ 5. M. Legentil, professeur d'histoire, désire que ses étudiants participent efficacement à la discussion en classe. De façon à rendre l'atmosphère plus légère, M. Legentil gratifie d'un aimable sourire et d'un commentaire approbateur chaque étudiant, avant même de noter la qualité de leurs réponses dans son carnet de notes. M. Legentil est, à n'en pas douter, le professeur le plus populaire de l'école.

_______ 6. Un professeur de collège qui apprécie tout particulièrement les avantages de l'éducation "non-directive", conduit ses cours sur la base d'une discussion informelle. Il pose de nombreuses questions à ses élèves et, quand ils répondent, il les encourage à estimer eux-mêmes la valeur de leurs propres réponses plutôt que d'attendre son approbation.

_______ 7. M. Dumont enseigne un cours spécial de géographie intitulé "Exploration de régions nouvelles". Pendant toute la période que dure son cours, M. Dumont donne fréquemment des exercices à faire à la maison et, le lendemain matin, il appose sur le tableau d'affichage un exemple de devoir parfait, afin que ses étudiants puissent découvrir rapidement s'ils ont bien répondu. En d'autres termes, lorsque les étudiants arrivent à l'école, ils peuvent vérifier l'exactitude des réponses qu'ils ont faites la veille.

_______ 8. Un professeur de français travaille d'arrache-pied pour noter les devoirs que ses élèves lui remettent chaque jour. Elle passe au moins cinq heures par soirée pour être sûre de noter la série des devoirs et les remettre aux élèves, avec commentaires, le lendemain.

_______ 9. Le seul moment qu'un professeur de physique laisse jamais à ses étudiants pour savoir ce qu'ils ont fait en classe, c'est après l'examen de fin de semestre. A cette occasion, il appose les réponses correctes sur son tableau d'affichage, à l'extérieur de la classe, de telle manière qu'en sortant, les étudiants peuvent vérifier si leurs réponses à l'examen ont été exactes.

________ 10. Un professeur de sciences sociales est persuadé qu'il ne faut pas abuser de la parole dans sa classe. Il essaye de rendre ses remarques les plus concises possible. Lorsqu'un étudiant donne une bonne réponse à l'une de ses questions, il fait toujours un signe de tête sans jamais ajouter d'autres commentaires. Si un étudiant se trompe, le professeur ne dit rien mais interroge un autre étudiant capable de répondre correctement.

Test de maîtrise: analyse et enchaînement des comportements d'apprentissage

Nom: ____________________

1. Décrivez la stratégie que vous utiliseriez pour décider d'une séquence pédagogique pour un ensemble de cas éducatifs.

Pour les trois objectifs suivants, rédigez un comportement initial et deux comportements intermédiaires.

Objectif: être capable de rédiger un texte de 500 mots décrivant l'impact des mass-media sur la politique.

2. Initial: ____________________
3. Intermédiaire: ____________________
4. Intermédiaire: ____________________

Objectif: être capable de réaliser une table en bois.

5. Initial: ____________________
6. Intermédiaire: ____________________
7. Intermédiaire: ____________________

Objectif: être capable, pour un enfant de niveau pré-scolaire, d'écrire son prénom en majuscules.

8. Initial: ____________________
9. Intermédiaire: ____________________
10. Intermédiaire: ____________________

Test de maîtrise: prise de conscience du but

Nom: ________________

Lisez les descriptions suivantes de l'activité d'un enseignant. Dites s'il essaye de faciliter la prise de conscience du but. Si OUI, précisez quelle est la ou les méthodes qu'il utilise. Ecrivez vos réponses aux endroits prévus près de chaque item.

A. N'utilise pas la conscientisation du but.
B. Utilise les récompenses extrinsèques.
C. Utilise l'exhortation.
D. Utilise la déduction.
E. Utilise l'induction.

_______ 1. Un professeur d'éducation physique dit à ses élèves: "Travaillez autant que vous pouvez".

_______ 2. Une maîtresse d'enseignement ménager dit à ses élèves que, puisque la manière de conquérir un homme passe par la satisfaction de son estomac, elles doivent apprendre à bien cuisiner.

_______ 3. Un professeur d'histoire introduit un cours sur la décolonisation en évoquant les problèmes actuels d'un certain nombre d'Etats africains, tel le Tchad.

_______ 4. Un professeur de lettres introduit un chapitre sur la rhétorique en présentant à ses élèves des films montrant à la fois de bons et de mauvais orateurs. Invariablement les mauvais orateurs déclament de mauvais discours.

_______ 5. Un professeur d'économie fait remarquer à ses étudiants que le fait d'obtenir de bons résultats à son cours augmentera leurs chances de passer en classe supérieure et, par la suite, de bien gagner leur vie.

_______ 6. Un répétiteur donnant des cours de rattrapage en lecture, dit à ses élèves qu'ils ne pourront passer dans la classe supérieure tant qu'ils ne sauront pas lire couramment.

_______ 7. Un professeur d'atelier a exposé, tout autour de la classe, toutes les productions des promotions précédentes. Il marque d'un petit signe les plus belles pièces et dit à ses élèves: "Pourquoi ne feriez-vous pas mieux que cela?"

________ 8. Un professeur de sciences sociales a présenté d'une manière attrayante, sur son panneau d'affichage, les photos de plusieurs chefs de gouvernement en indiquant leurs oeuvres principales.

________ 9. Un professeur d'anglais fait écouter à ses élèves des disques de chansons populaires anglaises au début de chaque cours.

________ 10. Un professeur de latin, commence chacun de ses cours en disant à ses étudiants: "Celui qui répondra correctement le premier à deux questions sera gratifié de la note maximum."

Test de maîtrise: évaluation

Nom: ____________________

1. Pour l'objectif suivant, élaborez une procédure formelle d'évaluation initiale:
   L'élève sera capable de scander un poème en vers pentamètres iambiques.

2. Pour l'objectif suivant, décrivez une procédure de contrôle initial informelle:
   L'étudiant sera capable de dire des phrases en allemand.

3. Elaborez un item de test pour évaluer les objectifs suivants:
   A. L'étudiant sera capable de résoudre une équation linéaire simple à une inconnue.
   B. Soit une liste d'alternatives, l'étudiant devra identifier celle qui décrit avec précision un roman donné.
   C. Soient plusieurs alternatives, l'étudiant devra choisir celle qui correspond à l'énoncé véridique de la politique étrangère des Etats-Unis.

Quelle est la meilleure interprétation des ensembles de données suivants? (entourez la lettre correspondante).

4. Moyenne obtenue au contrôle final: 90; moyenne obtenue lors du contrôle initial: 55.
   A. Cela prouve d'énormes progrès.
   B. L'enseignant a fait un très bon travail.
   C. Les objectifs doivent être révisés.

5. Moyenne obtenue au contrôle final: 90; pas de contrôle initial; classe de niveau moyen.
   A. L'enseignant a été efficace.
   B. Aucun jugement ne peut être porté.
   C. Les étudiants ont réussi au-delà de leurs capacités.

6. Moyenne obtenue au contrôle initial: 30; moyenne obtenue lors du contrôle final: 74.
   A. Les étudiants connaissent déjà l'essentiel du programme suivant.
   B. Le test de contrôle initial était trop difficile.
   C. Le professeur peut être pleinement satisfait des résultats.

REPONSES AUX TESTS DE MAITRISE

Exercices appropriés

Test d'identification.

1. A; 2. D; 3. B; 4. C; 5. C; 6. C; 7. A; 8. A; 9. B; 10. D.

Test écrit.

1. Une réponse correcte doit stipuler qu'il soit donné aux étudiants la possibilité de jouer des pièces impromptues.
2. On peut donner des exercices pratiques aux étudiants si les conditions de stimulus ou de réponses sont variées. Par exemple, répondre en exposant les faits par écrit ou oralement peut être une réponse acceptable.
3. Les étudiants doivent s'engager dans un travail qui, logiquement, devrait d'abord les conduire à une traduction orale. Par exemple, "traduire des mots russes en français" peut être une réponse correcte.

Communication des résultats

1. OUI; 2. OUI; 3. OUI; 4. NON; 5. NON; 6. NON; 7. NON; 8. NON; 9. OUI; 10. OUI.

Analyse et enchaînement des comportements d'apprentissage

1. Vous devriez vous poser la question: "Quelles aptitudes doit posséder l'élève pour atteindre l'objectif?"

   De 2 à 10: il est très difficile, parmi le grand choix possible de réponses, de confirmer quels sont les comportements initiaux et intermédiaires acceptables. Les exemples suivants devraient vous aider à vous faire une opinion.
2. *Initial:* l'habileté à écrire des phrases.
3. *Intermédiaire:* la capacité à définir l'expression "mass-media".
4. *Intermédiaire:* la capacité à rédiger des paragraphes.
5. *Initial:* l'habileté à se servir des outils fondamentaux – par exemple, la scie, le rabot, le marteau.
6. *Intermédiaire:* l'habileté à coller, ou faire tenir par tout autre moyen, des assemblages de bois de façon à ce qu'ils tiennent en permanence.
7. *Intermédiaire:* l'habileté à scier des pièces de bois – par exemple des pieds, un dessus de table – correspondant aux dimensions données.

8. *Initial:* l'habileté à tracer des signes avec un crayon, sur du papier, de manière qu'ils correspondent grossièrement à ce que l'on veut.
9. *Intermédiaire:* l'habileté à épeler son prénom oralement.
10. *Intermédiaire:* l'habileté à reproduire par écrit les lettres que l'on nomme.

Prise de conscience du but

1. C; 2. D; 3. E; 4. E; 5. D; 6. B; 7. E; 8. A; 9. A; 10. B.

Evaluation

1. Donner à l'étudiant un poème moderne à scander.
2. Le professeur devrait poser aux étudiants une question du genre: "Combien d'entre vous peuvent parler allemand?"
3. L'item construit doit mesurer le comportement précis énoncé dans l'objectif.
4. C.
5. B.
6. C.

Imprimerie GAUTHIER-VILLARS, Paris
Dépôt légal, Imprimeur, n° 3530
Dépôt légal : mars 1991
Imprimé en France
Dépôt légal 1re édition : 1er trimestre 1990

Extraits de notre catalogue...

Se former pour enseigner

par Patrice PELPEL

Véritable guide d'autoformation qui permet de s'orienter dans le labyrinthe des méthodes pédagogiques et de choisir les moyens les plus adaptés pour les mettre en œuvre. Il introduit les outils conceptuels nécessaires à l'analyse de la pratique de l'enseignement comme à la communication entre spécialistes de la pédagogie.

176 pages, 15 x 21, Broché.

Les méthodes d'évaluation scolaire

Techniques actuelles et innovations

par Yvan ABERNOT

Comment évaluer vos élèves ? Quel système de notation adopter ? Quels sont les fonctions et les enjeux de l'évaluation ? Un système de notation doit-il représenter le niveau des élèves ou bien l'interpréter ? Fort de son expérience de formateur, Yvan Abernot propose des méthodes novatrices et les confronte aux techniques classiques. Parce qu'il clarifie la fonction de l'évaluation et améliore la relation entre le travail scolaire et son résultat, ce livre est l'outil indispensable d'une meilleure communication entre les partenaires de l'éducation.

136 pages, 15 x 21, Broché.

Comment interpréter l'écriture de vos élèves
par Ursula AVÉ-LALLEMANT

Si l'interprétation de l'écriture est couramment utilisée par les psychologues pour l'analyse de la personnalité, elle reste trop souvent absente de la formation pédagogique. Cet ouvrage permet de reconnaître dans l'écriture des enfants et des adolescents les signes d'un malaise psychologique. Plus de 120 exemples d'écritures de différentes nationalités sont analysés et classés en fonction des problèmes psychologiques qu'ils manifestent. Un précieux auxiliaire pour les formateurs.

120 pages, 15 x 21, Broché.

Votre enfant et le psychologue scolaire
par Elisabeth BOSETTI, Marie-Claude BROSSAIS, Simone GOULFIER, Angèle YOUCEF-THIRIET

Qu'est-ce qu'un psychologue scolaire ? Quels sont ses objectifs, ses moyens, ses modes d'intervention ? Quels sont ses rapports avec l'institution scolaire et les parents d'élèves ? Répertoriant plus de 60 questions relatives aux différentes raisons de l'échec scolaire, ce livre permet d'engager le dialogue dans les meilleures conditions.

128 pages, 14 x 22, Broché.

Comment mesurer les résultats de l'enseignement

par Robert F. MAGER

Complément naturel et indispensable de *Comment définir des objectifs pédagogiques* du même auteur, best-seller qui a influencé et aidé des milliers d'enseignants, ce livre expose les techniques qui permettent d'évaluer la démarche pédagogique.

176 pages, 15 x 21, Broché.

Pour éveiller le désir d'apprendre

par Robert F. MAGER

Précis et concret, oblige l'enseignant à s'interroger sur un problème fondamental : comment motiver les élèves à travers les objectifs qu'il se propose d'atteindre dans chacun de ses cours ?

120 pages, 15 x 21, Broché.

Comment définir des objectifs pédagogiques

par Robert F. MAGER

Clair et pragmatique, ce classique des méthodes de Mager permet à tous les enseignants de mieux répondre aux problèmes complexes de la relation pédagogique.

144 pages, 15 x 21, Broché.